Sie malte ein Lächeln
in unsere Herzen

Brooke und Keith Desserich

Sie malte ein Lächeln in unsere Herzen

Liebesbotschaften eines todkranken Mädchens an seine Familie

Aus dem amerikanischen Englisch
von Rasha Khayat

Weltbild

Die amerikanische Originalausgabe erschien 2009 unter dem
Titel *Notes Left Behind* bei HarperCollins Publishers, New York.

Besuchen Sie uns im Internet:
www.weltbild.de

Copyright der Originalausgabe © 2009 by Brooke and Keith Desserich
Copyright der deutschsprachigen Ausgabe © 2010 by
Verlagsgruppe Weltbild GmbH, Augsburg
Übersetzung: Rasha Khayat
Redaktion: Lüra – Klemt & Mues GbR, Wuppertal
Umschlaggestaltung: Alexandra Dohse, www.grafikkiosk.de, München
Umschlagmotiv: © Privatbesitz der Familie Desserich
Satz: Anna-Maria Klages, Wuppertal
Druck und Bindung: CPI – Clausen & Bosse, Leck
Printed in th EU
ISBN 978-3-86800-350-5

2013   2012   2011   2010
Die letzte Jahreszahl gibt die aktuelle Ausgabe an.

Für Gracie und Elena,
die wahren Helden unserer Familie

Das ist unsere Elena

Sie isst immer das Gemüse zuerst und hebt sich Süßigkeiten monatelang auf.

Sie trägt am liebsten Pink.

Sie schreibt ihren Namen immer rückwärts. Nicht, weil sie es nicht anders kann, sondern weil sie mag, wie das aussieht.

Sie schlägt beim Sitzen die Beine übereinander.

Es gibt nichts Schöneres als den Kunstunterricht, außer natürlich der Bibliothek.

Romane sind besser als Sachbücher.

Milch trinkt sie am liebsten aus einem Weinglas und prostet anderen dann zu.

Sie liebt Tüll und Rüschen.

Strumpfhosen mit bunten Dschungelmustern oder Punkten sind am schönsten.

Keine Hosen, nur Kleider.

Sie liebt Babys.

Beim Schulespielen ist immer sie die Lehrerin.

Mom ist die Beste zum Kuscheln.

Sally (ein grummeliger, alter Chihuahua) ist das tollste Haustier, das es gibt.

Haarreifen sind super.

Wenn sie älter ist, will sie einfach nur Mutter werden.

Das ist einfach unsere Elena.

Wenn Sie mehr über Elenas Geschichte erfahren wollen, besuchen Sie www.notesleftbehind.com.

Inhalt

Vorwort

Brooke hat ihren Brief und ich habe meinen. Wir tragen diese Briefe jeden Tag bei uns. Ich fand meinen in dem schwarzen Rucksack, den wir nach Florida mitgenommen hatten. Elena hat ein lilafarbenes Herz auf den Umschlag gemalt und „DAD" darauf geschrieben. Brookes Brief befand sich in ihrem Portemonnaie. „Mom" stand da in Elenas unebener Handschrift – mit der einsetzenden Lähmung waren ihre Buchstaben etwas schief geworden. Das sind nur zwei von unzähligen Nachrichten, die Elena in den Monaten vor ihrem Tod überall in unserem Haus versteckt hat: in Büchern, in Schubladen, im Geschirrschrank und zwischen Fotos. All diese Briefe bezeugen ihre Liebe zu ihrer Familie. Sie erinnern uns jeden Tag an Elenas Mut und an ihre Größe. Ich bin überzeugt, dass unsere kleine Tochter wusste, wie sehr sie uns damit eines Tages helfen würde, weiterzuleben.

Mein Brief ist wunderschön, und oft genieße ich stundenlang den Anblick von Elenas Handschrift, nicht nur auf dem Umschlag, sondern auf Tausenden Blättern, Karten und Notizen im Haus. Aber öffnen kann ich den Umschlag noch nicht. Den letzten hatte ich zwei Wochen nach ihrem Tod in einer Wäscheschublade gefunden. Darin bittet Elena dafür um Entschuldigung, krank geworden zu sein. Eine Woche lang hörte ich nicht auf zu weinen. Ich kann mir nur vorstellen, was in diesem Brief steht. Vielleicht schreibt sie mir, dass sie es wusste. Dass ihr seit der Diagnose bewusst war, sterben zu müssen. Doch am meisten hoffe ich, dass sie wusste, wie sehr wir sie lieben.

Auch dieses Buch ist gewissermaßen ein Brief von Elena, die Nachricht einer Sechsjährigen, die ihrer Familie eine wichtige Lektion beigebracht hat. Und obwohl wir es sind, die dies hier aufgeschrieben haben, ist es doch Elenas Vermächtnis.

Eigentlich waren unsere Notizen immer für Gracie bestimmt, Elenas Schwester. Damals, an jenem fatalen Tag im November, als wir mit Elena im Krankenhaus saßen, ihre Augen und ihr Gesicht angestrahlt vom kalten Licht der Monitore, wussten wir, dass sich unser Leben für immer ändern würde. Damals sagte man uns, Elena habe noch etwa 135 Tage zu leben. Zum Glück wurden am Ende fast neun Monate daraus. In diesen neun Monaten ist Elena weise und erwachsen geworden, Brooke und ich haben unsere Angst verloren, und Gracie ihre beste Freundin, ihre „Lena". Aber Gracie ist zu jung, um sich an all das richtig zu erinnern. Dieses Tagebuch wird die Erinnerung immer für sie bewahren.

An manchen Abenden habe ich geschrieben, an anderen Brooke, manchmal auch wir beide. Der Klarheit halber sind Brookes Einträge grafisch anders dargestellt als meine.

Auch wenn nur wir dieses Tagebuch geführt haben, so wurden wir doch tagtäglich von Freunden und Verwandten, Großeltern, Onkeln und Tanten begleitet. Sie kamen immer wieder zu uns, unterstützten uns und waren für uns da. Um besser mit unserer Familie kommunizieren zu können, stellten wir dieses Tagebuch ins Internet. Allerdings wurde aus einem einfachen Familienblog bald viel mehr. Plötzlich verfolgten Menschen im ganzen Land Elenas Geschichte. Anfangs zogen wir uns zurück, durch die Aufmerksamkeit und die Briefe dieser Fremden fühlten wir uns unwohl. Immerhin war das Tagebuch anfangs nur für Gracie gedacht. Wir versuchten, diesen Umstand zu erklären, doch man hörte nicht auf uns. Jeden Tag erreichten uns Briefe, die stets gleich anfingen: „Sie kennen mich nicht, aber ..." Einige schickten Süßigkeiten, andere selbst gemalte Bilder – doch alle schrieben, dass unser einfaches Tagebuch ihnen beigebracht hätte, ihre Kinder mehr zu lieben und wertzuschätzen. Sich etwa Zeit zu nehmen, die Kinder zur Schule zu bringen oder ihnen ein Buch vorzulesen, ehe sie schlafen gehen. Und plötzlich begriffen wir das als Elenas Mission: Nun lehrte sie nicht nur uns, sondern auch andere eine wichtige Lektion.

Wir führten das Tagebuch also fort, und mehr und mehr lasen es. Derart im Mittelpunkt zu stehen war uns noch immer unangenehm, und einige Einträge sind bis heute privat geblieben, doch andere erscheinen jetzt zum ersten Mal in diesem Buch. Damit hoffen wir, Aufmerksamkeit auf Elenas Krankheit zu lenken. Es beinhaltet unsere innersten Gedanken, Gefühle und Meinungen. In unseren einfachen Worten. Einfach und direkt – wie Elena.

Ein gemaltes Herz war ihr Markenzeichen, genau wie ihr rückwärts geschriebener Name. Dieses Herz sagt alles über unsere Kleine, denn Elena hat stets mit ihrem Herzen gesprochen. Morgen finde ich sicher erneut einen Umschlag von ihr, und auch der wird ungeöffnet in meiner Brieftasche ruhen. Eines Tages werde ich den Mut aufbringen und ihre Nachrichten lesen, in Elenas Spielhaus, direkt neben dem Ahorn, unter dem wir ihre Asche verstreut haben. Ich werde dann weinen und mich erneut fragen, wie viel sie damals bereits wusste. Doch am Ende ist nur eine Botschaft wichtig: Sie wusste, dass wir ihre Familie sind und dass sie uns liebte.

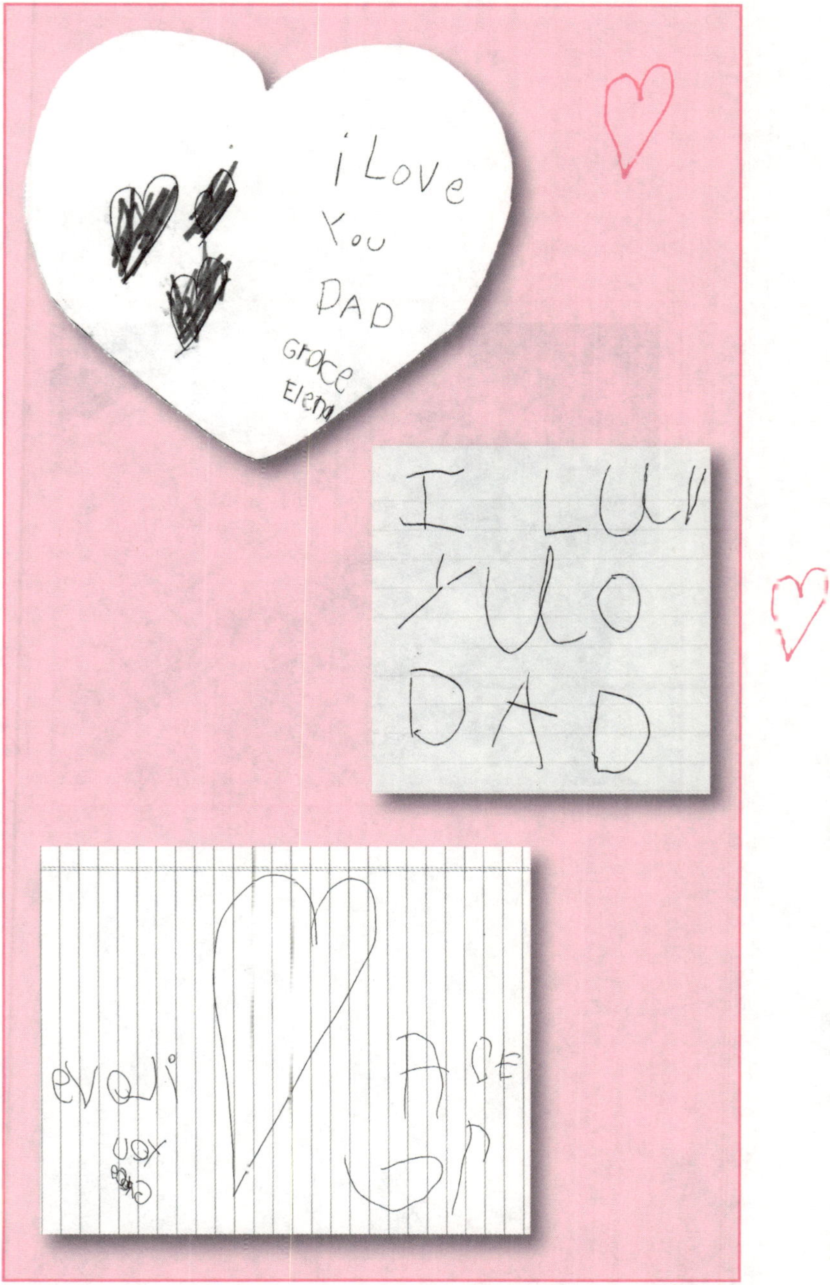
i Love You DAD
Grace Elena
I LUV YUO DAD

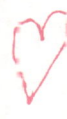

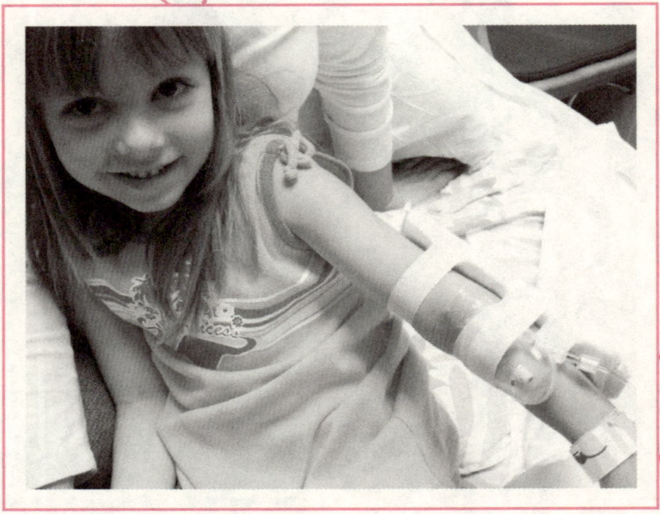

 *Teil eins – Der Anfang*

1. Tag – 29. November

Der Tag fing bereits früh an. Mit einem Mitternachtsimbiss. Die Untersuchung war für sieben Uhr am Morgen angesetzt, und da Elena vorher sechs Stunden lang nichts essen durfte, weckte ich sie um kurz nach zwölf. Leider hatte die Krankenschwester vergessen, in der Küche Joghurt zu bestellen, und so mussten wir auf Pudding und Apfelmus ausweichen. Bis die Sonne aufging, sprachen wir über Alice im Wunderland, Elenas Entdeckungen im Fernsehprogramm und darüber, was sie noch alles unternehmen wollte. Auch wenn ich ihre Worte wegen des Tumors nicht immer verstehen konnte, so verstand ich doch ihre Zeichnungen.

Sie malte einen Kreis mit wackligen Linien. Nach mehreren Anläufen und zunehmender Frustration auf Elenas Seite erkannte ich endlich, dass sie das kleine Restaurant, das Chili Parlor, direkt bei uns um die Ecke meinte. Als ich es erriet, leuchteten ihre Augen auf, und sie bedeutete mir, sie wolle dort Spaghetti mit Käse essen. Ein einfacher Wunsch – den wir natürlich sofort auf unsere Liste schrieben. Ihr nächster wird etwas schwieriger zu realisieren sein: Sie will den Eiffelturm sehen. Ich habe absolut keine Ahnung, wie sie darauf gekommen ist. Aber das ist nun einmal ihre Liste, und wir werden all diese Dinge unternehmen. Der nächste Punkt lautete „Kleiderstraße". Damit meinte sie ein Einkaufsviertel in unserer Stadt, in dem es ungewöhnlich viele Fachgeschäfte für Brautkleider gibt. In den vergangenen fünf Jahren war ich jeden Tag auf dem Weg nach Hause mit den Mädchen an den Schaufenstern vorbeigefahren und hatte scherzhaft gesagt, die beiden sollten sich ein Kleid für ihre eigene Hochzeit aussuchen. Und nun bat Elena mich, sie noch einmal zu jenen Geschäften zu bringen, in denen ich ihr nach ihrer Verlobung tatsächlich ein Brautkleid hatte kaufen wollen. Doch mittlerweile muss ich mich fragen, ob sie diesen Tag überhaupt erleben wird. Trotzdem setzte ich den Wunsch auf die Liste.

Wir redeten die ganze Nacht hindurch. Das heißt, Elena redete, und ich hörte zu. Schlafen schien längst nicht mehr so wichtig wie noch drei Tage zuvor. Ich beobachtete ihr Gesicht, das von den blinkenden Lichtern der Monitore angestrahlt wurde, und fragte mich, ob ich mich später wohl an jedes Detail erinnern würde: an ihre weichen Wangen, an das Glitzern in ihren Augen, an die kindliche Unschuld ihrer Gedanken. Ist das Ganze vielleicht nur ein böser Alptraum? Wache ich morgen auf und der Tumor ist einfach verschwunden?

In jener Nacht wollten die Ärzte uns nach Hause schicken, damit wir ein wenig zur Ruhe kamen. Doch da man uns kurz zuvor gesagt hatte, dass unsere Tochter nur noch etwa 135 Tage zu leben habe, war Schlaf das Letzte, woran wir dachten. Wir lächelten, wischten unsere Tränen fort und versuchten, so zu tun, als sei alles in Ordnung. Elena selbst hatte von uns allen die beste Idee gehabt: Bevor sie ins Krankenhaus ging, wollte sie Weihnachten feiern. Also holten wir ihre geliebten Glaskugeln, Sterne und Engel aus den Kartons und hängten sie an den Baum, den Elenas Großeltern mitgebracht hatten. In den vergangenen Jahren hatte ich immer darauf bestanden, dass der Baum nicht vor dem 15. Dezember aufgestellt wird – nur in diesem Jahr konnte es nicht schnell genug gehen.

2. Tag – 30. November

Der Flug nach Memphis war anstrengend. Man hatte Elena dort in ein Programm aufgenommen, in dem Patienten verschiedenen experimentellen Hirnstammbehandlungen unterzogen werden.

Und während wir einzig und allein damit beschäftigt waren, die Reise für Elena so sicher wie möglich zu gestalten, wollte sie selbst nur eins: hübsch aussehen! Zu ihrem Schutz hatten wir nahezu jede erdenkliche Vorkehrung getroffen. Wir reinigten alles von Grund auf und ließen uns alle gegen Grippe impfen. Außerdem besorgten wir Elena einen Mundschutz, doch von dem wollte sie natürlich nichts wissen. Zwar findet sie es großartig, im Flughafen mit einem Rollstuhl umhergefahren zu werden – wie eine Königin auf einem Thron mit Rädern -, aber ein Mundschutz, nein, das ging ihr dann doch zu weit. Was sollten die anderen Passagiere denn von ihr denken? Erst nach langen Diskussionen ließ sie sich darauf ein, und das nur, weil ich ebenfalls einen Mundschutz anlegte. Elena sagte, ich sähe bescheuert aus.

Die Sicherheitsbestimmungen der Fluggesellschaft waren die nächste Hürde. Mit Elena und all ihren Medikamenten brauchten wir über eine Stunde, um die Kontrollen zu passieren. Und es dauerte eine weitere, Elena und ihre Mutter aus den Souvenirläden zu bekommen. Was auch immer Elena wollte, ob ein neues Stofftier oder ein Eis – sie bekam es.

Zwei Stunden später trafen wir in Memphis ein. Dort schauten wir uns das Krankenhaus an, und man erklärte uns die neuen Behandlungsmethoden. Dann ging alles sehr schnell. Ehe wir es uns versahen, hatten wir vier Stunden lang mit verschiedenen Ärzten gesprochen, waren bei zwei Röntgenuntersuchungen gewesen und hatten unser Hotel bezogen. Am Ende war nicht nur Elena vollkommen ermattet, auch wir konnten uns vor Müdigkeit kaum mehr auf den Beinen halten. Vor dem Schlafengehen lasen wir noch gemeinsam all die lieben Karten von Elenas Freunden aus dem Kindergarten. Schließlich schlummerte die Kleine endlich ein, die Karten fest an sich gedrückt.

3. Tag – 1. Dezember

Wir haben zum ersten Mal ein Bild des Tumors gesehen. Er ist nicht nur groß, sondern auch noch eng verwachsen mit der Außenwand von Elenas Hirnstamm. Zwar hieß es anfangs, wir hätten nur noch drei bis sechs Monate mit unserer Kleinen, trotzdem ist es nur ein kleiner Trost, dass man uns inzwischen sieben Monate gibt. Denn auch so werde ich nicht miterleben, wie mein Mädchen seine erste Fahrstunde nimmt, sich zum ersten Mal verliebt, wie Elena heiratet und Kinder bekommt … Ihre Zukunft wurde uns aus den Händen gerissen. Und wir haben keine Möglichkeit, etwas daran zu ändern. Aber ein paar Monate … immerhin die haben wir noch.

Elena ist sehr müde und fürchtet sich mittlerweile vor jedem, der blaue Plastikhandschuhe trägt. Die Menschen mit den blauen Handschuhen haben sie nun zwei Wochen lang gequält, sie gepiekst und gezwickt. Fast hätte ich ein Paket in einer anderen Farbe für die Ärzte auf der Station gekauft. Außerdem hat sie angefangen, Fragen zu stellen. Sie benutzt jetzt Wörter wie „Chemo", „CT" und „Kernspin". Zwar hatte ich immer gehofft, dass Elena eines Tages über diese Dinge Bescheid wissen würde, aber nicht als Patientin, sondern als Ärztin nach einem Medizinstudium. Doch dieses kleine Mädchen hört aufmerksam zu, während ich versuche, die Wahrheit so weit wie möglich von ihr fernzuhalten.

Elenas Cousinen sind heute extra aus Alabama zu Besuch gekommen, und wir wollten das mit einem schönen Essen feiern. Allerdings war Elena nach dem letzten Arzttermin derart müde, dass sie im Restaurant einschlief, noch bevor wir unser Essen bekamen. Wir trugen sie zurück ins Auto und fuhren wieder ins Hotel. Ich weiß, sie braucht auch Gesellschaft und Abwechslung, aber am meisten braucht sie jetzt wohl Ruhe. Die Woche war sehr anstrengend, und die nächsten Tage werden sicher noch anstrengender.

4. Tag – 2. Dezember

Heute war ein schöner Tag. Es ist Samstag, und deshalb mussten wir nicht in die Klinik. Wir konnten uns voll und ganz auf unser kleines Mädchen konzentrieren. Nach einer unruhigen Nacht wachte sie bereits um sechs Uhr auf und hatte unglaublichen Appetit auf Waffeln. Ihre Stimme ist derzeit sehr schwach, zuerst konnten wir sie daher kaum verstehen. Doch dann schrieb sie uns die Buchstaben „WFL" auf. Natürlich wussten wir sofort, was gemeint war: Waffeln mit Sahne, Schokostreuseln und Kirschen. Bis auf die Kirschen hat sie die ganze Portion verputzt. Ich vermute, die Medikamente schlagen an.

Elena hat zum ersten Mal kein Gefühl in den Beinen. Die Auswirkungen des Tumors treten immer deutlicher zutage. Inzwischen zieht sie den rechten Fuß nach, kann nicht mehr richtig schlucken, verliert die Kraft im rechten Arm und das Sehvermögen auf dem linken Auge – und jetzt auch noch die Taubheit in den Beinen. Ich habe es gemerkt, als ich sie am Knie kitzelte. Normalerweise reichte schon die kleinste Berührung an dieser empfindlichen Stelle und Elena grinste breit. Heute hat sie mich nur beleidigt angeschaut. Mir fehlt es, meine Kleine auf diese Weise zum Lachen zu bringen. Es war meine Art, ihr zu zeigen, wie sehr ich sie liebe … Ich werde mir wohl etwas Neues einfallen lassen müssen, um ein Lächeln auf ihr Gesicht zu zaubern.

5. Tag – 3. Dezember

Der vierte Wunsch auf Elenas Liste war die Fahrt in einer Pferdekutsche. Die Idee dazu ist ihr wohl gekommen, als sie in unserem Märchenbuch ein Bild von Aschenputtels Kürbiskutsche entdeckt hat. Zum Glück ist das in einer touristischen Stadt wie Memphis kein Problem. Also beschlossen wir, ungeachtet der eisigen null Grad Celsius, eine Kutschfahrt zu unternehmen. Kaum waren wir eingestiegen, verschwand der erschöpfte, verängstigte Ausdruck von Elenas Gesicht und machte einem begeisterten Lächeln Platz. Endlich hatte ich wieder das Gefühl, meiner Rolle als Vater gerecht zu werden. Ich war in der Lage, meiner Tochter trotz der Krebserkrankung ein kleines Stückchen ihrer glücklichen Kindheit zurückzugeben. Und obwohl es bitterlich kalt war, wurde mir beim Anblick von Elenas strahlendem Gesichtchen ganz warm ums Herz. Ich hoffe, dass ich mich immer an dieses Bild erinnern kann.

Nach der Kutschfahrt besuchten wir eine Stofftierwerkstatt, in der man sich Teddybären nach den eigenen Wünschen und Vorstellungen nähen lassen kann. Angesichts der Vorweihnachtszeit war es dort jedoch derart überfüllt, dass der Ausflug weder Elena noch mir besonders viel Spaß bereitete. Mit uns warteten fast hundert andere Leute, und zum ersten Mal fühlte ich eine stechende Eifersucht in mir. Ich war eifersüchtig, weil all diese anderen Menschen sich so unbedarft freuen konnten, eifersüchtig, weil es ihre einzige Sorge war, rechtzeitig alle Geschenke zusammenzubekommen. Ich wollte das auch. Ich wollte mich nur darum kümmern müssen, von einem Geschäft zum nächsten zu eilen, und mich nicht verzweifelt an jeden Moment mit meiner kleinen Tochter klammern müssen, die viel zu bald schon nicht mehr da sein würde.

Doch als ich noch weiter darüber nachdachte, begriff ich schließlich, dass gerade meine Familie und ich unsere wenige gemeinsame Zeit richtig zu schätzen wissen, vor allem jetzt, kurz vor den Weihnachtsfeiertagen. Für uns ist Weihnachten mehr als nur Wunschzettel und Geschenke und Konsum. Elenas leidvolle Krankheit hat uns trotz der vielen dunklen Momente gelehrt, jeden noch so kleinen Sonnenstrahl im Leben zu genießen. Und obwohl ich gut darauf verzichten könnte, diese Lektion auf eine solch harte und ungerechte Weise zu lernen, werde ich mit Sicherheit nie wieder auch nur einen einzigen Tag verschwenden!

Und während wir in der Menge zwischen all den anderen Menschen mit ihren Weihnachtseinkäufen standen, schien Elena genau dasselbe zu denken. Denn mit einem Mal wollte sie nur noch raus und lieber mit uns ein Eis essen.

Ich glaube nicht, dass in sämtlichen Augenblicken unseres Lebens eine Lehre steckt. Aber dieser Tag hat mir wieder einmal gezeigt, dass wir versuchen sollten, jeden Moment ganz bewusst zu erleben und ihn in unserer Erinnerung wie einen Schatz aufzubewahren. Ganz gleich ob wir nun zum Eiffelturm fahren oder nur zum Supermarkt – wie schön es wird, hängt davon ab, was man daraus macht.

6. Tag – 4. Dezember

Heute haben wir Elenas Geburtstag gefeiert. In Wahrheit ist es zwar nicht der Tag, an dem sie geboren wurde, aber wegen der Bestrahlungen und der Biopsie diese Woche haben wir entschieden, ihren Geburtstag einfach vorzuziehen. Nach ihren Behandlungen führten wir die Kleine zum Mittagessen aus, dann durfte sie in ihrem Krankenzimmer Geschenke auspacken. Von ihrer Tante hat sie eine Gitarre bekommen und von den Großeltern eine Digitalkamera. Nun können wir endlich die Welt durch ihre Augen sehen. Nur kann sie die Kamera leider nicht mehr hoch genug halten, um unsere Körper vollständig aufs Bild zu bekommen.

8. Tag – 6. Dezember

Gestern Abend hatten wir eine schwere Entscheidung zu fällen. Nach langen Überlegungen haben wir beschlossen, dass wir die angekündigte Verzögerung in Elenas Behandlungsplan für zu riskant halten. Inzwischen ist ihr Mund ganz taub, und sie kann nicht mehr schlucken. Weitere zwei Wochen auf eine Biopsie zu warten steht deshalb außer Frage. Elena wird jetzt erneut Bestrahlungen bekommen. Wir hoffen, dass sie dadurch viele ihrer normalen Körperfunktionen wiedererlangen und Kraft für die nächste Chemotherapie schöpfen kann.

Mir ist aufgefallen, dass Elena sehr still geworden ist. Als ich sie heute fragte, was mit ihr los sei, sagte sie, sie sei es leid, dass alle nur über sie redeten, aber niemand mit ihr. Also bat ich die Krankenschwestern, Elena mehr mit einzubeziehen, ohne sie dabei zu überfordern. Wir erklärten ihr, was die Bestrahlung bewirken sollte und dass es ihr anschließend hoffentlich besser gehen würde. Die nächsten Wochen werden sicher lang und anstrengend, aber ich bin zuversichtlich, dass wir, sobald die Strahlentherapie erst einmal beginnt, eine gewisse Routine erlangen werden.

Die Prognosen sind zwar nach wie vor schlecht, und eigentlich kann uns nur ein Wunder helfen, aber die Tatsache, dass wir endlich eine Entscheidung getroffen und uns für eine Behandlung entschlossen haben, spendet wenigstens ein bisschen Trost. Obwohl mich manchmal Wut und Traurigkeit überkommen, versuche ich weiterhin, positiv zu denken. Wenn ein Kind es schaffen kann, diese Krankheit zu besiegen, dann ist es Elena.

9. Tag – 7. Dezember

Vielleicht bedauere ich unsere Entscheidung, womöglich habe ich sogar Gewissensbisse – aber im Grunde weiß ich selbst nicht genau, warum ich mich heute derart niedergeschlagen fühle.

Während ich zusammen mit Elena auf ihre Bestrahlung wartete, saß uns eine Mutter mit ihrem ungefähr elfjährigen Sohn gegenüber. Der Junge hat offensichtlich auch einen Gehirntumor. Trotz der guten Laune des Kindes sah man deutlich die Spuren all der Behandlungen und Therapien. Durch die Chemotherapie hatte er sämtliche Haare verloren, von seiner Stirn aus zog sich eine große Narbe einmal quer über den Schädel, und man hatte ihm eine Dränage an den Hinterkopf gelegt. Sein Gesicht wies die typischen Lähmungen von Tumorpatienten auf, und als er aufstand, bemerkte ich, dass er humpelte.

Wenn meine Tochter auch so aussehen würde, hätten wir uns dann wohl nicht für die Bestrahlung, sondern für die Biopsie, die Operation und die Chemo entschieden? Hätte es vielleicht sogar schlimmer kommen können? Die Antwort auf diese Fragen werden wir wohl nie erfahren. Dennoch geht mir ein Gedanke nicht aus dem Kopf: Haben wir unsere kleine Tochter um die Aussicht auf eine vollständigen Heilung gebracht? Natürlich wären die Chancen verschwindend gering gewesen, außerdem kann man bei Operationen so nahe am Hirnstamm nie wissen, ob sie hundertprozentig erfolgreich sind. Andererseits – wie verschwindend gering waren die Chancen, dass gerade Elena an einem derart aggressiven Tumor erkrankt, der sich dann auch noch an einer so schwer zu operierenden Stelle im Kopf ausbreitet? Im Endeffekt kam es wohl nur darauf an, schnell eine Entscheidung zu treffen, die Elena möglichst viele Komplikationen erspart. Und dennoch, es bleiben Tausende Zweifel und Fragen, die mich Tag für Tag einholen.

Obwohl Elena bislang die invasiven Therapieverfahren erspart geblieben sind, hat sie immer größere Probleme, zu sprechen und sich zu bewegen. Heute habe ich zum ersten Mal bemerkt, dass sie nicht mehr in der Lage ist, ein Kuss-Geräusch zu machen, wenn sie ihre Lippen an meine Wange presst. Das wird mir sehr fehlen. Aber zum Glück ist sie stark und behält ihre gute Laune.

Im Moment ist Mom angesagter als Dad. Schließlich ist Mom diejenige, die sie knuddelt und umsorgt, während Dad „nur" der Spaßvogel ist. Ab und an bekomme ich dennoch ein Lächeln ab – oder einen Schlag mit ihrem noch recht kräftigen linken Arm, wenn sie von mir in Ruhe gelassen werden möchte. Manchmal versuche ich, sie zu motivieren, mich stattdessen mit dem schwächeren rechten Arm zu schlagen. Das ist meine Art der Therapie.

Je mehr sich der Tumor ausbreitet, umso schwieriger wird es für Elena, zu sprechen, zu schlucken und zu kauen. Man sieht ihr an, wie sehr sie sich beim Essen anstrengt, um sich nicht an den Bissen zu verschlucken. Durch die Lähmung der Zunge kann man ihre Worte kaum noch verstehen. Sie wirkt von Tag zu Tag frustrierter. Die zunehmende Taubheit in der rechten Hand macht es ihr nun auch schwer, ihre Gedanken mit Gesten zu illustrieren. Brooke und ich bemühen uns, ihr die Gebärdensprache beizubringen, für den Fall, dass sie ihre Fähigkeit, zu sprechen, vollständig verliert. Hoffentlich wird es nie dazu kommen, aber uns ist schmerzlich bewusst, dass die Gebärdensprache schon bald Elenas einzige Möglichkeit sein kann, mit der Außenwelt zu kommunizieren. Sie kennt nun schon die Buchstaben von A bis E und die Zeichen für „Mutter", „Vater", „Danke", „Baum", „Durst", „Hunger" und „Stolz". Das Zeichen für „Stolz" benutzen wir oft in letzter Zeit. Brooke hat ihr außerdem das Zeichen für „Mist" beigebracht, somit kann Elena nun wenigstens fluchen, wenn sie frustriert ist. Wir dürfen niemals aufhören, miteinander zu kommunizieren! Selbst wenn das jetzt schwieriger ist. Das versuche ich auch, Elena klarzumachen.

10. Tag – 8. Dezember

Heute hat Elena einen eigenen Rollstuhl bekommen. Eigentlich wussten wir schon lange, dass dieser Tag kommen würde. Aber wir haben den Gedanken immer verdrängt oder die Notwendigkeit eines Rollstuhls nur auf die Nebenwirkungen der Medikamente oder die Erschöpfung geschoben. Nun müssen wir wohl einsehen, dass der Tumor der Grund ist. Spätestens heute Morgen war offensichtlich, dass die Lähmungen weiter voranschreiten. Elena wachte auf und konnte ihre zu einer Faust versteiften Finger nicht mehr aus der Handfläche lösen. Die gesamte rechte Hand war geschwollen und die Haut rissig – lauter Symptome des Tumors. Wir versuchten immer und immer wieder, die Finger zu bewegen, und cremten die Haut ein, doch vergeblich. Die Physiotherapeutin hat heute angekündigt, dass sie ab Dienstag an-

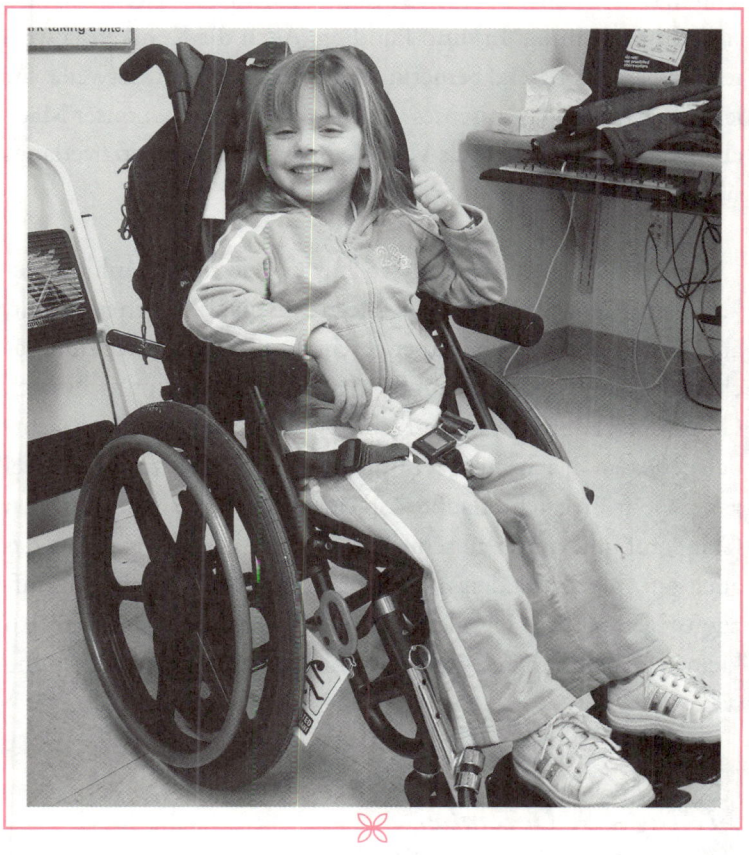

fangen will, mit Elena zu arbeiten. Wir alle warten nun sehnlichst darauf, dass die Bestrahlung und die Physiotherapie endlich beginnen. Um ihre rechte Hand beweglich zu halten, haben wir Elena kleine Puddingbecher gegeben und sie aufgefordert, selbst zu essen. Ehrgeizig, wie sie ist, hat unsere Kleine natürlich alles daran gesetzt, den Becher festzuhalten und den Pudding zu löffeln. Ganze fünf Portionen hat sie im Laufe des Tages allein verdrückt, zusammen mit drei Schalen Schoko-Vanille-Eis. Zwar versuchen wir immer wieder, ihr auch Gemüse und Fleisch zu geben, aber Schlucken und Kauen bereiten ihr einfach zu große Schwierigkeiten. Außerdem fällt es uns schwer, sie nicht zu verwöhnen, und sie liebt nun einmal Eis und Pudding. Auch die Krankenschwestern haben das bereits bemerkt und bringen ihr mittlerweile vor jeder Behandlung gemischtes Eis. Bis vor Kurzem hat unser Mädchen keine andere Sorte als Vanilleeis gemocht, aber jetzt verlangt sie nur noch nach ihrem Schoko-Vanille-Mix.

Am Abend sind meine Eltern mit Gracie in Memphis angekommen. Elena ging es nach den letzten Behandlungen nicht gut, aber Gracie hat es noch immer geschafft, ihre Schwester zum Lachen zu bringen. Auch wenn ihr eigentlich überhaupt nicht nach Gesellschaft zumute war, hat Elena die Zeit mit Gracie doch sichtlich genossen. Nach ein paar Stunden lachten und stritten die zwei ganz wie früher. Ich erlaubte Gracie sogar, Elenas Rollstuhl den Gang rauf und runter zu schieben. Für eine ganze Weile ging das auch gut, bis die beiden mit einem lauten Knall gegen die Aufzugtür gerast sind. Ich glaube, unsere Mädchen brauchten den kleinen gemeinsamen Unfall, obwohl Brooke da anderer Meinung war.

11. Tag – 9. Dezember

Innerhalb der letzten fünf Jahre haben wir es nicht geschafft, ein anständiges Familienporträt von uns machen zu lassen. Nicht, dass es uns prinzipiell an Zeit gefehlt hätte, aber irgendwie kam mit Kindergarten-, Schul- und Alltagsterminen ständig etwas dazwischen. Andere Dinge hatten immer Vorrang. Bis jetzt. Heute

Morgen war es endlich so weit. Mit der wenigen hübschen Kleidung, die wir von zu Hause mitgebracht hatten, machten wir uns schick, posierten vor der Kamera und lächelten zuerst ein oberflächliches Lächeln. Doch dann geschah etwas: Wir entdeckten uns gegenseitig wieder.

Wir entdeckten, dass Elena noch immer so ansteckend grinsen konnte und von uns allen die beste Model-Pose beherrschte, Gracie noch immer ganz die Alleinunterhalterin war – unruhig wie ein Sack Flöhe – und Brooke die Familie nach wie vor mit ihrer ruhigen Art zusammenhielt. Ihre blauen Augen strahlten Souveränität aus wie eh und je. Ich dagegen war einmal mehr der männliche Außenseiter zwischen meinen drei Frauen. Und so konnten wir diese zwanzig Minuten lang leben wie früher, vor dem Tumor. Wir waren eine Familie – und plötzlich wurde uns bewusst, dass es uns an nichts fehlt, weil wir einander haben.

Ich wünschte, wir hätten solche Fotos auch in den Jahren zuvor gemacht. Ich wünschte, ich könnte in einiger Zeit in ein Album schauen und sagen: „Schau, wie klein sie da noch war" oder „Sie konnte einfach nicht still sitzen". Jedes Foto würde von glücklicheren Tagen erzählen, und genau die hatten wir nicht genug festgehalten. Doch auch wenn Elenas Krankheit von Tag zu Tag schwerer auf ihr und uns lastet, bleibt mir die Liebe, die in diesen Bildern zum Ausdruck kommt. Diese Liebe wird uns helfen, mit allem fertigzuwerden, das vor uns liegt.

12. Tag – 10. Dezember

Auch rückblickend hätten wir uns wahrscheinlich für keine andere Behandlungsmethode entschieden. Durch eine Biopsie oder Operation wäre der Beginn der Bestrahlung und der Chemotherapie weit nach hinten verschoben worden, und für Elena zählt im Moment jeder Tag. Heute Morgen ist uns aufgefallen, dass ihr Schluckreflex bereits nachlässt, und würde man nicht sofort mit der Bestrahlung anfangen, müsste Elena sicher bald künstlich ernährt werden.

Die Ärzte haben uns gewarnt, dass es Elena vermutlich erst schlechter gehen wird, ehe eine Besserung eintritt. Aber sie sagten auch, dass die Auswirkungen des Tumors nachlassen, sobald dieser im Laufe der nächsten Wochen kleiner wird. Inwieweit die Lähmungen zurückgehen und Elena ihr Sprechvermögen wiedererlangt, werden wir noch sehen, doch zumindest den Rollstuhl wird sie bald nicht mehr benötigen. Das habe ich ihr jedenfalls versprochen.

Anfangs hatte sich Elena sehr gegen den Rollstuhl gesträubt, aber inzwischen liebt sie es, darin umhergeschoben zu werden und so überall Aufmerksamkeit zu erregen. Nachdem ich vor Kurzem mit Elena einen Ausflug zum Supermarkt unternommen habe, kann ich es allerdings kaum erwarten, den Stuhl endlich los zu sein. Denn es ist eine Sache, einen Rollstuhl zu schieben, aber eine ganz andere, gleichzeitig auch einen Einkaufswagen zu lenken. Nach einer Weile haben wir den Wagen an einem Ende des Supermarktes geparkt und sind zwischen den Gängen und ihm hin und her gelaufen. Eigentlich funktionierte das auch ganz gut, bis irgendwann unser voll beladener Einkaufswagen einfach fort war. Frustriert beschloss ich, doch nur Brot, Milch und Joghurt zu kaufen. Das muss einfach für den Tag genügen.

14. Tag – 12. Dezember

Seit Neustem nenne ich sie „Fred". Diesen Spitznamen benutze ich, wenn Elena die Ärzte und Schwestern ignoriert. Dann versetzt sie mir zunächst einen Schlag mit der kräftigen Linken, doch anschließend verzieht sich ihr Mund langsam zu einem Lächeln.

Der Busfahrer hatte Elena heute Morgen nach ihrem Namen gefragt, und während sie das Gesicht verschämt in den Händen vergrub, stellte ich sie als „Fred George" vor. Ich wollte sie auf-

muntern und gebrauchte den Namen fast überall. Die Emp-
fangsdame, die Schwestern in der Radiologie und viele andere im
Krankenhaus, die mitmachten, nannten Elena „Fred“. Und am
Ende musste sie immer lachen. Die Schläge wurden ein bisschen
härter, aber auch das Lächeln breiter. Der Tag verlief also großartig. Elenas Einstellung und Laune waren gut, selbst vor der Bestrahlung hatte sie kaum mehr Angst – obwohl wir natürlich ein
paar Tränchen trocknen mussten, bevor sie in die Anästhesie ging.
Bei der Sitzung mit der Logopädin hat sie sogar etwas gesprochen.
In Anbetracht der Tatsache, dass Elena seit vier Tagen kein einzi-

ges Wort von sich gegeben hat, war das das schönste Ereignis des ganzen Tages. Zwar waren ihre Worte weder besonders laut noch verständlich, aber sie bemühte sich, und das ist im Moment alles, was zählt.

Und dann war die Zeit im Krankenhaus auch schon vorbei. Zwar hätte Elena dringend Ruhe gebraucht, aber sie wollte unbedingt Tiere sehen. Also fuhren wir in den Zoo. Könnte Elena richtig sprechen, wäre der Ausflug für eine geraume Zeit etwa so verlaufen: „Oh, schau mal, die Nilpferde! Guck mal, die Giraffe! Und der Löwe! Sie nur, die Pingu… Ach nein, die sind heute gar nicht draußen." Dreißig Sekunden pro Gehege sind nicht gerade lange, aber über uns braute sich ein ganz schönes Unwetter zusammen. Doch dann kamen wir zu den Pandas. Ich selbst habe nicht viel für Pandas übrig. Ich verstehe auch nicht, weshalb ausgerechnet diese kleinen schwarz-weißen Teddys ein derart luxuriöses Freiluftgehege benötigen, während die Elefanten in einem engen, miefigen Haus wohnen. Aber ganz offensichtlich stehe ich mit dieser Meinung allein da, denn die ganze Welt, meine kleine Tochter eingeschlossen, ist vollkommen entzückt von diesen Tieren. Also blieben wir ganze zehn Minuten vor den Pandas stehen – was bedeutete, dass wir vorher im Schweinsgalopp an den Zebras, den Gorillas und diesen gestreiften, antilopen-ähnlichen Lebewesen, die jeder Zoo besitzt, aber deren Namen niemand weiß, vorbeieilen mussten. Doch Elena war das gleichgültig. Wie verzaubert stand sie vor dem Gehege und presste die Nase gegen die Glasscheibe, sodass der Rollstuhl beinahe vornüberkippte. Und dann ihr Lächeln. Ich glaube, ich mag Pandas eigentlich doch ganz gern.

15. Tag – 13. Dezember

Weihnachten ist nun allgegenwärtig, und im Krankenhaus gehen täglich Geschenke und gespendetes Spielzeug für die jüngsten Patienten ein. Ich glaube auch, wir sind einem geheimen Weihnachtsmann-Trainingscamp auf der Spur, denn in den letzten vier Tagen hatten wir nicht weniger als fünf von ihnen zu Besuch. Elenas Glauben an den Weihnachtsmann scheint das allerdings nicht zu erschüttern. Auch wenn ich davon überzeugt bin, dass sie die Wahrheit bereits kennt, mich aber nicht enttäuschen will, weil ich ihrer Meinung nach noch immer an den Mann im roten Gewand glaube.

Auch heute kam wieder einmal einer vorbei. Da wir ohnehin nichts anderes zu tun hatten, entschieden wir, ihn uns aus der Nähe anzusehen. Offenbar waren wir nicht die Einzigen mit dieser Idee, denn die Eingangshalle war voll von Eltern mit ihren kranken Kindern. Binnen weniger Minuten befand sich Elena ganz vorn in der Schlange, weil man sie in die Altersgruppe 0-6 Jahre einordnete, und bekam schließlich ein Buch. Das Ganze war eine schöne Abwechslung – wenn auch eine unerwartete. Zumindest für uns. Denn wie wir von anderen Eltern in der Schlange erfuhren, richtete das Krankenhaus jedes Jahr eine solche Bescherung für die jüngsten Patienten aus. Viele Eltern schienen ihre Kinder geradezu auf diesen Tag vorzubereiten und sie anzuweisen, sich das teuerste Geschenk auszusuchen. In unseren Augen entwickelte sich die Veranstaltung in diesem Moment zu einer Farce, da es für viele mehr um die eigenen Interessen als die der Kinder zu gehen schien. Man hatte die Kleinen, die von ihrer Chemotherapie oder ihren OPs noch geschwächt waren, förmlich aus ihren Betten gezerrt, damit sie für ihre Eltern den wertvollsten Preis ergattern sollten. Viele der Kinder wären sicher lieber in ihren Zimmern geblieben. Ich konnte sogar ein Gespräch zwischen zwei Müttern belauschen, in dem die eine damit prahlte, wie sie ein Kinderhilfswerk davon überzeugt hatte, ihrer Vierjährigen den Wunsch zu erfüllen, nach Las Vegas zu reisen. Ich allerdings halte es für sehr unwahrscheinlich, dass der Traumurlaub einer Vierjährigen auch nur irgendetwas mit Las Vegas zu tun hat.

Ob Elena das Gleiche dachte wie ich, wusste ich nicht. Aber als sie an der Reihe war, ließ sie all die Barbie-Puppen, die MP3-Player und Computerspiele links liegen und suchte sich ein schlichtes Bastelbuch aus. Mit dem Buch in der Hand bedeutete sie mir dann auch gleich, hinausgehen zu wollen. Etwas abseits blätterten wir anschließend zusammen darin und hingen unseren Gedanken nach. Schicksalsschläge können an Menschen die guten, aber auch die schlechten Seiten zum Vorschein bringen. Traurigerweise nutzen manche Leute eine Tragödie für ihre eigenen Interessen aus und verletzen damit nicht nur alle Beteiligten, sondern setzen auch ihre eigene Würde aufs Spiel.

Andere Leute reagieren auf solch schreckliche Ereignisse, indem sie ihre Kinder verwöhnen bis zum Umfallen. Davon kann auch ich mich nicht freisprechen. In Anbetracht von Elenas Zustand möchte ich ihr am liebsten die Welt zu Füßen legen, sie sofort aus der Schule nehmen und keine Stunde ohne sie verbringen. Ich möchte ihr den kleinen Hund kaufen, gegen den ich eigentlich allergisch bin, ihr all das Spielzeug schenken, für das ich nie Geld hatte, und sie mit den hübschesten Kleidern überschütten. Ich will ihr alles geben. Doch ich weiß, dass ich ihr gleichzeitig viel nehmen würde, wenn ich das wirklich täte – denn Normalität und Routine sind ein Segen. Elena hat Heimweh, sie vermisst die Schule, ihr unvollkommenes Zuhause. Sie sehnt sich nach einem regelmäßigen Alltag und vor allem nach ihrer Schwester. Alles, was sie sich wünscht, sind ihre Familie und ihr altes Leben. Sie braucht keine teuren Spielzeuge oder Reisen zu abenteuerlichen Zielen.

Letztendlich kommt es darauf an, mit unserem alltäglichen Leben zufrieden zu sein – und zu merken, dass wir es uns genauso ausgesucht haben, mit all seiner Routine und der Normalität. Dies ist ein Gedanke, den ich an meine Tochter weitergeben möchte und den ich ihr für ihr eigenes Leben, möge es lang oder kurz sein, vermitteln will. Die Krankheit unserer Tochter hat uns zu schätzen gelehrt, was wir aneinander haben. Zwar scheint das manchmal nicht genug zu sein, aber eigentlich brauchen wir doch nur uns. Auch wenn wir bestimmt noch gemeinsame Reisen unternehmen werden, will ich meiner fünfjährigen Tochter nach der Bestrahlung und der Chemotherapie deshalb einzig das geben, was sie sich wirklich wünscht: Sie soll ihr Zuhause zurückbekommen, soll in die Schule gehen dürfen und ihre Freunde wiedersehen. Und falls sie dann noch immer einen kleinen Hund will, werde ich meine Allergie wohl ertragen müssen. Normalität heißt schließlich nicht, dass ich meine Kleine gar nicht mehr verwöhnen darf.

16. Tag – 14. Dezember

In den letzten zwei Wochen habe ich einiges über die moderne Medizin gelernt. Erstens: Ein guter Patientenkontakt ist in der Pädiatrie das A und O. Wir sind manch einem fähigen Experten begegnet, der keine Ahnung hatte, welche Barbie gerade angesagt oder warum Arielle viel schöner als Prinzessin Jasmin ist, sondern der einfach nur eine weitere Kanüle in Elenas Unterarm legen wollte. Andere Ärzte mussten zwar eingestehen, dass sie diesbezüglich vollkommen ratlos sind, haben sich aber intensiv nach Elena erkundigt, kannten ihren Geburtstag oder wussten, dass sie gemischtes Eis am liebsten mag. In den meisten Fällen waren es diese aufmerksamen Ärzte, die mit guten, neuen Ideen für die Behandlung aufwarten konnten. Und zwar, weil sich Elena ihnen gegenüber öffnete.

Meine zweite Lektion in Sachen Medizin war, dass der Patient aktiv mitarbeiten muss, damit die Therapien Erfolg haben. Patient und Angehörige sollten die Krankheit nicht nur genau kennen und verstehen, sondern auch wissen, wann sie selbst in die Behandlung eingreifen können. Immerhin geht es um den eigenen Körper beziehungsweise den des eigenen Kindes.

Drittens: Eine positive Grundhaltung ist essenziell für den Heilungsprozess. Auch wenn eine so schwere Krankheit wie Krebs zunächst furchtbar beängstigend ist, kommt doch irgendwann der Zeitpunkt, die Tränen zu trocknen und nach vorn zu blicken.

Viertens: Eine Halsentzündung verursacht einen Gehirntumor. Nun ja, natürlich ist das nicht ganz richtig, aber mir erscheint es fast so. Da bringt man sein Kind wegen einer simplen Angina ins Krankenhaus und erfährt kurz darauf Dinge, die man am liebsten nie hätte hören wollen. Sollte eines meiner Kinder jemals wieder über Halsschmerzen klagen, werde ich es sofort eigenhändig

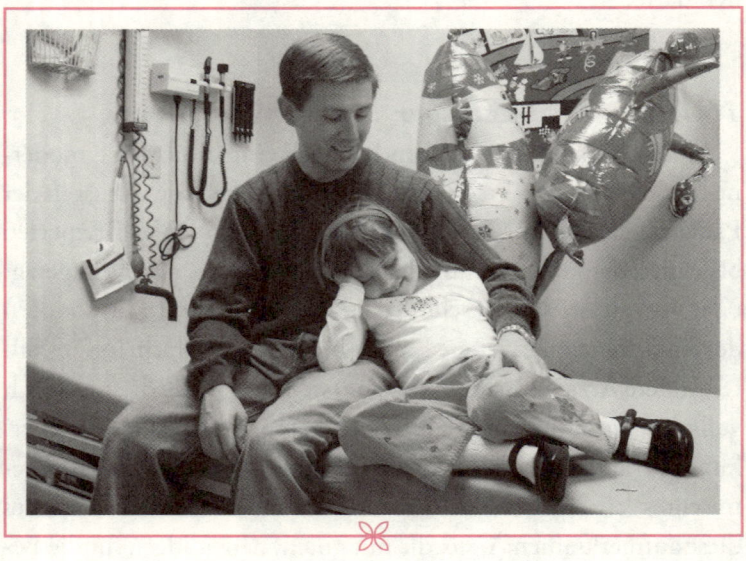

einer Computertomographie unterziehen. Wäre es wohl übertrieben, sich so ein Gerät in den Keller zu stellen?

Aber im Ernst, heute war ein guter Tag. Gerade als wir über die Bedeutung des positiven Denkens sinnierten, kam Gracie mit ihrem ansteckenden Lachen und meiner Mutter an der Hand ins Zimmer gestürmt. Wenn man es genau betrachtet, haben unsere beiden Kleinen eigentlich nichts außer ihren Eltern gemeinsam.

Elena ist brünett, Gracie blond, Elena hat meine Nase (armes Kind!), Gracie die von Brooke geerbt. Während Elena die ruhige, verantwortungsvolle Tochter ist, wird Gracie mich wohl noch manch eine schlaflose Nacht kosten (vor allem, wenn sie anfängt, sich für Jungs zu interessieren). Elena ist anmutig, und Gracie hat zwar den Schalk im Nacken, aber nicht das geringste bisschen „Grazie". Im Gegensatz zu Elena, die schöne Kleider und lackierte Nägel liebt, mag Gracie ferngesteuerte Rennautos. Elena ist ernsthaft und verhalten, und Gracie ... Gracie ist eben Gracie. Und damit ist sie genau das, was ihre Schwester im Moment braucht.

Nach einer Woche, in der es ausschließlich um ihre Krankheit ging und in der jeder einzelne Löffel Joghurt eine schier unüberwindbare Hürde darstellte, war eine Portion von Gracies Spontaneität und bedingungsloser Zuneigung genau die richtige Kur für Elena. Grandmas Knuddeleinheiten taten natürlich ihr Übriges. Zusammen haben Gracie und meine Mutter in wenigen Augenblicken das geschafft, was den Ärzten und uns seit vier Tagen nicht gelang: Sie brachten Elena zum Lachen. Schon nach kurzer Zeit sprach, aß und lief Elena wieder. Es war wie ein Wunder. Auch wenn mir klar ist, dass sich die Ärzte und Pharmaunternehmen mit ihrem Dexamethason, Ondansetron und was sonst noch allem diesen Fortschritt auf die Fahne schreiben werden, bin ich davon überzeugt, Elena brauchte am dringendsten die Liebe ihrer Familie.

Eine ganz besondere Behandlungsmethode hatten Brooke und Grandma zudem für unsere kleine Patientin in petto: Shopping. Am Samstag gehen wir alle zusammen in *Der Nussknacker* – der perfekte Anlass zu einem langen Ausflug ins Kaufhaus. Unglaublich, welche wundersamen Heilkräfte ein rotes Samtkleid und passende rote Lederschuhe entwickeln können. Man sollte sich Einkaufen als offizielle Therapiemaßnahme patentieren lassen.

Anschließend genossen wir den Tag mit Gracie in vollen Zügen. Ihre Energie und Begeisterung springen einfach sofort auf alle über, ihr Lächeln und ihre brillanten Beobachtungen sind schlichtweg entwaffnend. Heute sagte sie zu mir: „Mensch, Dad, wir bräuchten die ganzen Ärzte überhaupt nicht, wenn wir nur Jesus überreden könnten, aus dem Himmel zu kommen und Elena gesund zu machen." Und im nächsten Moment war sie schon wieder damit beschäftigt, den Unterschied zwischen einem Hello-Kitty- und einem Barbie-Sticker zu erklären, von denen sie mir einen schenken wollte. Über ihre Bemerkung hat sie anschließend kein Wort mehr verloren. Ich kann bis jetzt nicht sagen, wo diese kleinen Geistesblitze immer herrühren. Nur eines weiß ich: Alles, was Gracie sagt, kommt von Herzen. Sie lebt völlig im Hier und Jetzt, und davon können wir uns alle eine Scheibe abschneiden. Ach so, und was die Sticker angeht: Ich bin kein Mädchen, so wie Barbie, also steht mir laut Gracie die Katze auf dem Hello-Kitty-Sticker wohl besser. Weise kleine Gracie.

18. Tag – 16. Dezember

Wahrscheinlich waren es die neuen roten Schuhe. Elena hat sie heute zum ersten Mal getragen, und die Wirkung war unglaublich. Den ganzen Tag über ist sie vollkommen selbstständig die Gänge auf und ab spaziert (natürlich immer mit einer überfürsorglichen Mom an ihrer Seite). Selbst als man ihr einen Rollstuhl anbot, lehnte sie ab. Und obwohl sie mit der Lähmung im rechten Bein und dem Muskelschwund stark zu kämpfen hatte, konnte niemand sie davon abbringen, weiterzugehen. Es war mehr ihr Wille, der sie tapfer Schritt um Schritt machen ließ, als ihre Muskeln – und die Angst, die glänzenden neuen Schuhe zu verschleißen. Elena war schon immer stolz auf ihre hübschen Kleider und Accessoires. Deshalb gab sie sich heute wohl ganz besondere Mühe, den rechten Fuß nicht nachzuziehen. Am liebsten würde ich ihr jeden Tag neue Schuhe kaufen, wenn sie dadurch wieder richtig laufen lernt!

Auch das Sprechen klappte heute besser. In erster Linie hat Elena Gracie zwar mehrfach ein klar vernehmliches „Meins!" entgegengebrüllt, aber immerhin. Zumindest das eine Wort konnten wir gut verstehen. Ihre übrigen Sätze sind noch sehr undeutlich, aber wichtig ist nur, dass sie es weiterhin versucht. Schließlich geht es auch in den Therapien eher um die Willenskraft als die eigentliche Fähigkeit.

Vor achtzehn Tagen sind wir für all diese neuen Behandlungsmethoden hier in das Krankenhaus gekommen, in eine völlig neue Welt. Nun werde ich zum ersten Mal Elenas Krankenbett wieder verlassen und zurück nach Cincinnati fliegen, während Brooke für die nächsten vier Tage übernimmt.

Seit der Diagnose haben wir jeden Tag und jede Nacht, jede Stunde an Elenas Seite verbracht. Wir haben gemeinsam über ihre Lebensträume geredet und über die Muppet Show gestritten. In den letzten Wochen habe ich mehr über meine kleine Tochter gelernt als in den vergangenen fünf Jahren. Sie malt lieber, als dass sie zeichnet, trägt lieber Nachthemden als Schlafanzüge und würde für ein gemischtes Schoko-Vanille-Eis alles stehen und liegen lassen.

In dieser Zeit musste ich aber auch beobachten, wie aus einem leichten rechtsseitigen Humpeln und einer kratzigen Stimme eine vollständige Lähmung der gesamten rechten Körperhälfte und eine fast völlige Stummheit wurde. Doch jetzt scheint es, was das betrifft, als wären die letzten achtzehn Tage gar nicht gewesen. Die Lähmung hat sich wieder in ein Humpeln und die Stummheit in eine kratzige Stimme verwandelt. Für jemanden zu Hause mag es aussehen, als habe sich nichts verändert, doch wir wissen, wie schwer es war, diesen Punkt zu erreichen. Zwei Wochen lang haben wir gehofft und gebangt, ob Elena es überhaupt so weit schaffen wird. Wir hatten Angst, der Tumor wachse zu schnell und zu aggressiv, als dass ihn die Bestrahlung aufhalten könnte. Befürchteten innere Blutungen und Erstickungsgefahr. Und auch wenn ich das alles um nichts in der Welt noch einmal durchleben möchte, hat es uns doch stark gemacht für all die Prüfungen, die in der Zukunft kommen werden.

Wir haben Elena heute einen Beauty-Tag spendiert. Zusammen mit Brooke, Gracie und meiner Mutter ging es ins Kosmetikstudio, wo sich die vier mit Maniküren und Pediküren verwöhnen und sich die Haare zurechtmachen ließen. Auch wenn es Elena durch die Medikamente, die sie am Morgen hatte nehmen müssen, nicht sehr gut ging, machte es ihr Spaß, dass ihr derart viel Aufmerksamkeit geschenkt wurde. Stolz zeigte sie jedem, der ihr begegnete, ihre roten Finger- und Fußnägel. Für den Besuch in *Der Nussknacker* heute Abend war es ausgesprochen wichtig, dass Nägel, Schuhe und Kleid zusammenpassten.

Eine Vorstellung von *Der Nussknacker* zu sehen, wünschte sich Elena schon lange. Sie war davon fasziniert, seit sie den hölzernen Nussknacker auf unserem Kaminsims entdeckt hatte und Mom ihr daraufhin alles über das Ballett erzählte. Und nun sollte Elena zum ersten Mal in ihrem Leben ein Ballett miterleben, in einem echten Theater, mit einem hübschen Kleid, die Haare und Nägel aufwendig hergerichtet und die roten Schuhe blank poliert.

Wie schön wäre es, wenn ich sagen könnte, Elena habe jeden Augenblick der Aufführung genossen und jede Ballerina mit großen Augen angehimmelt. Tatsächlich ist sie jedoch kurz vor der Pause in den Armen ihrer Mutter eingeschlafen. Die Bestrahlungen sind vor allem bei Kindern sehr kräftezehrend. Müdigkeit und Erschöpfung sind gängige Nebenwirkungen. Aber der Ausflug ins Theater hat sich trotzdem gelohnt. Immerhin war Elena auf diese Weise ein Tag ohne Chemotherapie vergönnt, ohne Bluttests, ohne Krankenhaus – und das war das Wichtigste. Gracie hingegen versprühte gewohnt viel Energie. Wieder und wieder sprang sie zwischen dem Schoß ihrer Großmutter und meinem hin und her, und imitierte dabei die Bewegungen all der Zinnsoldaten, Schneeprinzessinnen und Zuckerfeen auf der Bühne. Und wenn sie eine Verschnaufpause brauchte, kuschelte sie sich an ihren

Großvater, streichelte ihm über Haare und Bart und küsste ihn auf die Wange.

Alles in allem war es ein schöner Tag. Die Verbesserung von Elenas Zustand noch so kurz vor meiner Abreise miterleben zu können macht mich sehr glücklich. Selbst wenn die Ärzte sagen, dass es sich durchaus nur um einen zeitweiligen Aufschwung handeln könnte. Natürlich ist es schwer, mit anzusehen, wie ein ehemals gesundes, munteres Kind Lähmungen und Schmerzen mit Dutzenden verschiedener Medikamente bekämpfen muss. Aber noch härter ist es wohl, zu beobachten, dass es der Kleinen langsam besser geht, während die quälende Frage an einem nagt, wie lange dieser Zustand wohl anhalten mag. Drei Monate? Fünf Monate? Den Rest ihres Lebens? Ich sehe zwar mit eigenen Augen, dass sie all die Fähigkeiten wiedererlangt, die sie zwischenzeitlich verloren hatte. Aber dennoch bleibt meine größte Angst, dass es ihr genauso schnell wieder schlechter gehen könnte. Brooke und ich unterstützen Elena und die Ärzte deshalb, wo wir nur können. Wir animieren unsere Kleine zu sprechen, bringen ihr die Gebärdensprache bei und sind immer für sie da.

Natürlich werden wir auch weiterhin hoffen, dass der Tumor irgendwann völlig verschwindet. Doch so schmerzhaft es auch ist, müssen wir uns doch auf alle Möglichkeiten vorbereiten. Und wir müssen uns darauf konzentrieren, was uns die vergangenen Wochen gelehrt haben: dass die Familie unser höchstes Gut ist. Nach achtzehn Tagen haben wir unsere Elena nun fast zurück, wir kennen sie besser als jemals zuvor, und wir durften ihre Stärke und Entschlossenheit miterleben. Mit dieser Stärke vor Augen habe ich die große Hoffnung, dass Elena die Gebärdensprache, die wir ihr beibringen, niemals benötigen wird.

22. Tag – 20. Dezember

Ich bin wieder bei Elena in Memphis, während Brooke für einige Tage nach Cincinnati fahren muss. Morgen ist Elenas sechster Geburtstag, doch weil Mom nicht mit dabei ist, holen wir ihn zu Hause nach. Noch ein Jahr zuvor hätte sich niemand von uns vorstellen können, wie anders dieser Tag diesmal sein würde. Während andere Kinder mit großen Torten, Bergen von Geschenken oder außergewöhnlichen Partys feiern, wünschen wir uns nichts sehnlicher, als Elena Lebenszeit schenken zu können. Das eine Geschenk, das wir mit Geld nicht kaufen können.

Vor sechs Jahren veränderte Elenas Geburt mein Leben von Grund auf. Ich war ein eher egoistischer, rücksichtsloser Mensch, bis dieses kleine Wesen in mein Leben trat und mich Demut lehrte. Elena war ein Frühchen von gerade mal sechs Pfund. Tagelang verbrachten wir Stunde um Stunde in der Intensivstation. Es war ein überwältigendes Gefühl, als sie dann zum ersten Mal ihre winzigen Finger in meine Hand legte und sie ihren zerbrechlichen Körper vertrauensselig in meinen Arm schmiegte. Elena schrie und weinte wenig und bewies selbst als Baby schon mehr Geduld als die meisten Erwachsenen. Wenn ich nachts wach wurde, konnte sie mir sofort deutlich machen, was sie brauchte. Häufig sind wir dann zusammen in einem Schaukelstuhl neben dem Kinderbett eingeschlafen.

Mein Leben hatte dank Elena plötzlich eine neue Bedeutung und jede Handlung einen Sinn. Ich sah die Welt nun aus den Augen eines Vaters. Ich arbeitete, um meine Familie zu ernähren, machte mir Gedanken um Schule und Bildung, und die Nachrichten bekamen plötzlich etwas Bedrohliches. Doch bei allen neuen Sorgen und Problemen gehörte jeder Abend Elena. Von ihren ersten Lebenstagen an verbrachten wir die Abendstunden fast immer gemeinsam auf der Terrasse oder im Wohnzimmer. Als sie noch kleiner war, schlief sie dann in meinem Arm ein, später saß sie dicht an mich gedrückt neben mir, bis ihr Kopf langsam an meine Brust sackte. Ich habe meine Tochter schon immer als Gleichberechtigte, ja als meine persönliche Heldin gesehen. Dieses Gefühl hat sich auch mit ihrer Krankheit nicht geändert, sich stattdessen sogar verstärkt.

In den letzten sechs Jahren haben wir viel über unsere Elena gelernt, haben gesehen, wie aus einem kleinen Baby eine ernstzunehmende Persönlichkeit wurde. Doch anstatt hoffnungsfroh ihre Zukunft planen zu dürfen, zählen wir die wenigen Tage, die uns noch bleiben. Ich kann mir nichts Schlimmeres für einen Vater vorstellen. Trotzdem geben wir die Hoffnung nicht auf, beten, sammeln Erinnerungen und versichern Elena, dass alles wieder gut werden wird. Mehr können wir nicht tun.

23. Tag – 21. Dezember

Erst sechs Jahre, trotzdem scheint die Zeit im Moment viel zu schnell zu vergehen. Heute ist Elenas Geburtstag, doch leider fing er wenig festlich an. Nicht einmal der Busfahrer konnte Elena auf dem Weg zum Krankenhaus wie sonst ein Lächeln entlocken. Als sie dann gegen zwölf Uhr endlich die Bestrahlung überstanden hatte und wir zum Frühstück in die Cafeteria gingen, besserte sich die Laune unseres Geburtstagskindes schlagartig. Sie bestellte sich das, was sie selbst ein „kleines" Frühstück nennt: Rührei mit Käse, Joghurt und eine Schüssel Haferflocken. Und keine Stunde später fragte sie, was es zu Mittag gäbe.

Nach dem Essen gingen wir zurück zur Station, um die weiteren Behandlungspläne abzuholen und kleine Präsente an unsere Engel in Weiß zu verteilen. Elena verschenkte an alle handgemalte Karten sowie kleine glitzernde Weihnachtsbaumanhänger an die Schwestern. Für die Pfleger und Ärzte hatten wir je einen Nussknacker mitgebracht. Überhaupt scheint das Ballett einen starken Eindruck auf Elena gemacht zu haben. Sie besteht darauf, dass von nun an ein Nussknacker neben ihrem Bett steht, und hat uns deutlich zu verstehen gegeben, dass unser Weihnachtsbaum zu Hause ab sofort mit mehreren kleinen Nussknackern geschmückt sein muss. Ich weiß nicht genau, was Elena damit verbindet, aber es handelt sich ganz klar um ihre persönliche neue Weihnachtstradition auf die sie großen Wert legt.

Die Belegschaft der Krebsstation hatte von sich aus eine kleine Feier zu Elenas Ehren geplant. Sie warfen mit Konfetti, sangen Happy Birthday und übergaben Elena einen großen Strauß bunter Luftballons. Als wir uns daraufhin von Termin zu Termin begaben, verteilten wir überall im Krankenhaus farbenfrohes Konfetti, das von unseren Kleidern und dem Rollstuhl rieselte. Am Ende des Tages wird der Hausmeister unsere Route durch die Klinik wohl ganz genau nachverfolgen können. Die Ballons hatten wir einfach an den Rollstuhl gebunden, was sich im Nachhinein als recht unklug erwies, da sich die bunte Pracht als erhebliche Sichtbehinderung herausstellte und wir das eine oder andere Mal andere Leute im Krankenhaus versehentlich aus dem Weg stießen.

Am Abend schlief Elena mit einem seligen Lächeln auf den Lippen ein. Ihre Stimme wird tatsächlich immer kräftiger, sie nimmt wieder feste Nahrung zu sich, ihr Gefühl für den rechten Arm kehrt langsam aber sicher zurück, und sie läuft selbstständig im Zimmer herum. Gott sei Dank! Happy Birthday, Elena!

24. Tag – 22. Dezember

Die letzten Tage von Elena getrennt zu sein hat mich gelehrt, wie kostbar Zeit ist. Erst als ich heute Abend nach Memphis zurückgekehrt bin, konnte ich erleichtert aufatmen. Als ich wegen meiner Arbeit nach Cincinnati fliegen musste, ging es mir vermutlich wie Keith die Tage zuvor: Ich habe jede einzelne Sekunde an Elena gedacht und konnte es nicht erwarten, sie endlich wieder in die Arme zu schließen. Daheim konnte ich kaum schlafen. Nicht, dass ich nicht müde war oder zu beschäftigt, Schlaf erscheint mir mittlerweile als pure Zeitverschwendung. Unfassbar, wie ein einzelnes Ereignis die ganze Sicht auf das eigene Leben verändern kann. Zwar haben wir nie wirklich lange geschlafen, aber mit einer todkranken Tochter ist jeder ungenutzte Moment ein verlorener. Was also sollte ich allein in Cincinnati? Zur Ablenkung putzte ich das Haus von oben bis unten, richtete Elenas Zimmer neu ein, stellte die Weihnachtsdekoration auf und schrieb bis zwei Uhr nachts in mein Tagebuch. Und trotzdem war ich nicht müde.

Auch die Vorweihnachtszeit erleben wir ganz anders als noch ein Jahr zuvor. Gerade heute haben Keith und ich uns gefragt, womit wir morgen wohl unsere Zeit verbrächten, wäre Elena nicht krank geworden. Vermutlich würden wir hektisch durch die Einkaufszentren rennen, auf den letzten Drücker noch Geschenke besorgen, genervt fluchen, weil wir im Stau oder in langen Schlangen an der Kasse stehen, und jeden Tag bis sieben oder acht Uhr abends arbeiten. Doch seit einigen Wochen hat sich das grundlegend geändert, nun beschäftigen uns ganz andere Probleme. Wenn ich mir die Fotos von Halloween anschaue, denke ich, wie glücklich wir da waren – nur haben wir es nie richtig zu schätzen gewusst.

Man glaubt nie, wie viel man aushalten kann, solange man nicht mit dem Ernstfall konfrontiert wird. Und hat man sich dann gerade an diese Situation gewöhnt, kommt es meist noch schlimmer. Trotzdem macht man immer weiter. Einfach, weil es nicht anders geht. Weil man muss. Aber diese Erfahrungen werden uns auch

alle wachsen lassen. Wir werden unsere Zeit zusammen, ganz gleich
ob an Feiertagen oder im Alltag, intensiver nutzen und genießen.
Wir werden als eine stärkere Familie daraus hervorgehen, werden
uns unterstützen und füreinander sorgen. Denn dafür ist eine Fa-
milie da, und nur gemeinsam können wir das, was vor uns liegt,
bewältigen.

25. Tag – 23. Dezember

Heute findet Elenas Geburtstagsparty statt – zwar zwei Tage
später als üblich, aber dafür können wir als Familie feiern. Nachdem wir die ganze Nacht von Memphis aus durchfahren mussten,
sind wir nun froh, mit Elena über die Festtage daheim zu sein. Ursprünglich hatten wir geplant, die Feier in der Turnhalle auszu-
richten, wie alle anderen Familien der Nachbarschaft auch. Doch
angesichts von Elenas Zustand haben wir uns entschieden, die Par-
ty ins Chili Parlor zu verlegen. Ich glaube, diese Idee gefiel ihr sehr
gut. Also zog sie ihr zweitschönstes Kleid an (das schönste ist für
Weihnachten reserviert) und fuhr zunächst mit ihrer Mom in den
Kosmetiksalon. Schon wieder Maniküre, Pediküre und eine neue
Frisur. Sie liebt das einfach.

Als wir zum Restaurant kamen, entschied Elena, den Rollstuhl
Rollstuhl sein zu lassen und stattdessen ihre neuen Beinschienen
auszuprobieren. Was nutzen einem schon die besten Kleider, wenn
man darin den ganzen Abend nur sitzen darf? Als wir ihr unsere
Arme zum Abstützen hinhielten, schaute sie uns nur böse an und
setzte langsam allein einen Fuß vor den anderen. Natürlich hatten wir Angst, sie könnte stürzen, und blieben deshalb ganz dicht
hinter ihr – aber sie fiel nicht!

Im Restaurant hatte man wohl nur mit einer kleinen Gesellschaft gerechnet. Denn die Kellner schauten ziemlich verdutzt, als
sich binnen kürzester Zeit knapp 80 Gäste einfanden, um Elena
zu feiern und sie an ihrem ersten Tag daheim zu besuchen: Fami-

lie, Freunde, Schulkameraden, Lehrer, Brookes und meine Arbeitskollegen und selbst vollkommen fremde Menschen. Am meisten freute sie sich über ihre Freunde. Die gesamten letzten Wochen hatte sie pausenlos davon gesprochen, sie wiederzusehen, und nun war es endlich so weit. Ich konnte das Glück in ihren Augen sehen, als die anderen Kinder sie immer wieder umarmten, mit ihr lachten und ihr sagten, wie sehr sie sie jeden Tag auf dem Spielplatz vermissten.

Am Abend zu Hause musste Brooke weinen. Und zum ersten Mal seit Langem nicht aus Trauer oder Verzweiflung, sondern vor Glück und Rührung – weil so viele Leute Anteil nehmen am Schicksal unserer Tochter. Es war ein großartiger Tag, der uns allen wohl noch lange im Gedächtnis bleiben wird.

26. Tag – 24. Dezember

Elenas Krankheit zwingt uns, uns gänzlich auf das Hier und Jetzt zu konzentrieren. Sind die Medikamente richtig dosiert? Welche Nebenwirkungen hat die Chemotherapie? Wird Elena mit der Beinschiene gut zurechtkommen? Jeder einzelne Schritt, jede Handlung sind darauf gerichtet, den Tumor und seine Auswirkungen zu bekämpfen. Auch wenn die Langsamkeit des Heilungsprozesses uns zunächst bedrückt hat, waren die kleinsten Fortschritte der größte Segen, den wir uns erhoffen konnten. Diese minimalen Veränderungen geben uns Kraft und stärken den Glauben daran, dass Elena den Krebs besiegen wird. Natürlich stagniert ihr Zustand von Zeit zu Zeit, manchmal macht sie auch Rückschritte, doch am Ende eines jeden Tages sind wir sicher: Unsere Tochter schafft es!

Gleichzeitig sehen wir uns nun daheim Tag für Tag mit Gedanken an die Zukunft konfrontiert. Jeden Morgen auf dem Weg zur Arbeit fahre ich an der Grundschule vorbei – ob ich jemals an Elternabenden und Schulfesten dort teilnehmen werde? Werden

sich Gracie und Elena auch als Teenager noch verstehen? Werde ich Elena irgendwann beibringen, Auto zu fahren? Hier in Cincinnati wird die Ungewissheit der Zukunft jeden Tag deutlich, und das macht es uns allen noch schwerer, den Mut nicht zu verlieren. Doch auch diese Angst wird vorübergehen, da bin ich sicher. Genau wie sich die Angst vor dem Krankenhaus mittlerweile in Luft aufgelöst hat. Vielleicht wird es bereits im Februar so weit sein, wenn Elena endgültig heim nach Cincinnati darf. Doch bis dahin heißt es für uns weiterhin: jeden Tag für sich leben.

27. Tag – 25. Dezember

Unser schönstes Weihnachtsgeschenk in diesem Jahr war Elena selbst. Sie weckte uns um halb vier Uhr in der Frühe mit einer glasklaren Stimme, ohne ein Krächzen oder näselnde Laute. Obwohl Brooke und ich tief und fest geschlafen hatten, waren wir sofort hellwach. Für einen kurzen Augenblick hatten wir den Eindruck, alles sei nur ein böser Traum gewesen und unsere kleine Tochter wäre putzmunter und kerngesund. Doch dann holte Elena uns in die Wirklichkeit zurück: Sie habe ein Glas Wasser getrunken, sagte sie, und das täte ihrem Hals sehr gut. Und so standen wir mitten in der Nacht auf und hörten Elena zu. Natürlich waren wir müde, natürlich hätten wir heute das erste Mal seit Wochen länger schlafen können, aber was machte das schon. Leider blieb Elenas Stimme nur kurz so klar und fest, trotzdem freuten wir uns über jeden einzelnen Laut.

Doch das blieb nicht der einzige Wunsch, der uns erfüllt wurde. Elena war mittlerweile wieder in der Lage, selbstständig zu laufen, sie aß feste Nahrung, und sie tollte mit Gracie und mir auf dem Boden herum. Das schönste Geschenk aber war ihr Lächeln.

Zunächst hatte sich Elena gesträubt, als wir sie in die Kirche und anschließend zur Weihnachtsfeier bei meiner Tante fuhren. Unsere Kleine saß einfach nur stumm und beleidigt in der Ecke, und kein Päckchen und keiner der anderen Gäste konnten sie aufheitern. Zwar rang sie sich für die alte Sally (der Chihuahua meiner Tante) ein gequältes Lächeln ab, doch auch das verblasste bald, als eine weitere schmerzhafte Hungerattacke einsetzte. Ebenfalls eine Folge der starken Medikamente.

Um Elena wirklich zum Lachen zu bringen, brauchte ich einmal mehr die Hilfe von Gracie. Mit Elena verhält es sich nämlich so: Wenn man sie um etwas bittet, ihr etwas vorschlägt oder sie auffordert, etwas zu tun, antwortet sie stets: „Jetzt nicht! Später." Schlage ich ihr vor, ihr neues Fahrrad ohne Stützräder auszuprobieren, sagt sie: „Nein, ich bin noch zu klein!" Frage ich sie, ob sie mir eine Geschichte vorlesen will, antwortet sie: „Vielleicht morgen." Das ist Gracies Stichwort. Im Gegensatz zu ihrer Schwester ist Gracie immer und zu allem bereit. Erst handeln, dann denken, das ist ihr Motto – gleichgültig, ob sie zu klein, zu schwach oder zu müde für etwas ist. Ihr anderes Motto lautet „Alles okay!" Man hört es, wenn sie sich vom Boden aufrappelt, weil sie hingefallen oder sonst eine ihrer Aktionen gescheitert ist. Wenn Elena also sagt: „Vielleicht morgen", wende ich mich einfach an Gracie. Die fragt nicht lange, worum es geht, sondern macht sich sofort ans Werk. Und dann passiert es: Nur Sekunden später überlegt Elena es sich anders und will sofort dabei sein. Ganz gleich, ob es ums Radfahren oder Lesen geht. Selbst wenn Gracie natürlich weder Radfahren noch lesen kann – es reicht schon, dass sie so tut, als könnte sie es. Elenas Ehrgeiz wird sofort angestachelt, und sie bemüht sich, besser zu sein als Gracie. Manchmal kommt es mir so vor, als würde die große Schwester der kleinen Verantwortung beibringen und die kleine der großen Mut. Diese Kombination ist wundervoll.

Heute wollte ich Elena zeigen, wie man Auto fährt. Ja, ganz richtig, ein Auto. Immerhin bleiben nur noch knapp zehn Jahre, bis sie ihren Führerschein machen darf – ich sollte also keine Zeit verlieren, sie zu einer anständigen Fahrerin zu erziehen. Brooke war da natürlich ganz anderer Meinung. „Bist du jetzt völlig übergeschnappt?", schrie sie. Aber ich kann eben auch ehrgeizig sein. Also schlug ich Elena vor, ihr ihre erste Fahrstunde zu erteilen. Natürlich hat sie abgelehnt. Gracie allerdings war begeistert und hüpfte sofort auf meinen Schoß. Zehn Minuten lang fuhren wir im Zickzack über den Parkplatz. Zwei Mal hätten wir fast eine Laterne gerammt, aber zum Glück ging alles gut. Gracie hatte einen Heidenspaß und setzte sich sogar meine Sonnenbrille auf, um einen coolen Autofahrerlook zu imitieren.

Dann kam Elena an die Reihe. Nun wollte sie es natürlich auch probieren. Eine Viertelstunde lang quietschte sie vor Vergnügen,

während sie auf meinem Schoß hinter dem Lenkrad saß. Sie fand es herrlich. Wir werden das morgen noch einmal wiederholen. Für die meisten Kinder sind die Geschenke an Weihnachten das Wichtigste. Nicht so für Elena. Zwar lächelte sie glücklich, während sie langsam ihre Päckchen auspackte, aber die größte Freude hatte sie daran, mir ihr Geschenk zu überreichen. Zusammen mit ihrer Mom war sie einkaufen gewesen und hatte entschieden, dass ich dringend ein Set zum Basteln von Ballon-Tieren brauchte. Und somit saßen wir die nächsten Stunden zusammen unter dem Weihnachtsbaum, lachten und formten Ballon-Tiere. Zwar kann ich mich mit meinen Fertigkeiten vermutlich nicht auf einen Jahrmarkt stellen, aber für den Anfang sahen meine Versuche schon recht gut aus. Ich machte Schlangen, Giraffen mit kurzen Beinen und Schmetterlinge ohne Flügel, die aussahen wie langbeinige

Hunde. Talent ist eben Talent. Elena schlug vor, Ballons für die Ärzte im Krankenhaus zu basteln, in dem wir morgen wieder einen Termin haben. Ich gelobte ihr, das zu tun, wenn sie mir versprechen würde, die Bestrahlung dieses Mal ohne Beruhigungsmittel durchzuhalten. Natürlich würde ich Tausende Tiere auch nur für ein einziges Lächeln von ihr basteln! Das verrate ich ihr aber nicht.

28. Tag – 26. Dezember

Logischerweise wollte Elena nicht zurück ins Krankenhaus. Genauso wenig wie ich – ganz zu schweigen davon, dass wir die halbe Nacht hindurch nach Memphis fahren mussten. Es war schwierig genug, Elena um fünf Uhr früh zu wecken. Erst klammerte sie sich an ihr Kopfkissen, dann versuchte sie, Sekunde für Sekunde herauszuschlagen. Unsere übliche Morgenroutine, für die wir normalerweise nur wenige Minuten brauchen, dauerte heute über eine halbe Stunde. Vor allem die Verabreichung der Medikamente war anstrengend. Zunächst wollte Elena den Mund gar nicht erst aufmachen, verweigerte den Wackelpudding, in dem wir die Tabletten versteckt hatten, und spuckte die Pillen schließlich sogar aus.

In Memphis verzögerte sich dann der Termin für die Bestrahlung. Seit einer Woche schon versuchen wir, Elena dazu zu bringen, während der ganzen Behandlung ruhig liegen zu bleiben. Die Verzögerung wirkte sich darauf nicht gerade positiv aus. Bis jetzt hatte unsere Kleine ein Beruhigungsmittel bekommen, doch sie hasste es, diese „weiße Medizin" zu schlucken, da ihr davon übel wurde.

Diese Übelkeit hatte uns einige Zeit zuvor das erste Mal überrascht, als ich Elena ins Kino ausführte. Während des Films klagte sie plötzlich über heftige Bauchschmerzen und ihr Gesicht wurde ganz blass – und in Ermangelung einer Tüte hielt ich ihr das

Einzige hin, was ich hatte: meine Hände. Doch Elena musste sich derart stark übergeben, dass sich alles über meine und ihre Kleidung verteilte. Irgendwie schafften wir es in die Herrentoilette des Kinos, wo wir uns beide auszogen und wuschen. Zum Glück hatte ich eine Tasche mit alten Kindersachen im Kofferraum, die eigentlich für das Rote Kreuz gedacht waren, so konnte ich zumindest Elena frische Kleider anziehen. Und dann, wie aus heiterem Himmel, stellte Elena die Frage: „Daddy, warum passiert mir das?" Ich dachte nicht lange nach und sagte, sie wisse doch, dass all die Medikamente Nebenwirkungen haben können. Doch die Antwort genügte ihr nicht. „Nein, Daddy. Ich meine, warum bin ich krank und habe eine Beule am Kopf, und all meine Freunde nicht?"

Wie oft habe ich mir selbst diese Frage schon gestellt – und nie eine Antwort darauf gefunden. Keine Erklärung scheint angebracht oder richtig, denn die Wahrheit ist doch: Keinem Kind auf der Welt sollte das passieren, was unserer Tochter passiert. Elenas Krankheit als Prüfung Gottes aufzufassen würde dazu führen, am eigenen Glauben zu zweifeln, wenn man sein Kind an dieser Prüfung verliert. Sie als Zufall abzutun, kommt mir obszön und falsch vor. Wie man es auch dreht und wendet – nichts in der Welt reicht aus, um Elenas Zustand zu rechtfertigen. Es gibt einfach keine richtige Antwort! Es passiert, man lernt, damit umzugehen, kämpft dagegen an oder auch nicht. Jeder einzelne Mensch reagiert unterschiedlich auf einen Schicksalsschlag wie diesen.

Nur zu gern hätte ich Elena etwas Kluges, Tröstliches gesagt. Und wie sehr wünsche ich mir, ein paar Weisheiten in diesem Tagebuch festzuhalten. Doch ich konnte und ich kann es nicht. Ich zuckte lediglich mit den Schultern, drückte meine kleine Tochter fest an mich und sagte: „Es wird alles gut!" Eines Tages, so hoffe ich, werde ich die Antwort kennen. Doch für den Moment bleibt mir nichts anderes übrig, als das zu tun, was ein Vater eben tun muss: seiner Tochter Kraft geben. Kraft, die sie ganz dringend braucht.

29. Tag – 27. Dezember

Sie hat es geschafft, die Zunge zu rollen! Ich weiß, für die meisten Menschen wirkt das wie eine unwesentliche Kleinigkeit, doch für mich bedeutet es, dass sich Elena endgültig auf dem Weg der Besserung befindet. Als der Tumor erste Auswirkungen zeigte, verlor Elena zunächst die Fähigkeit, die Zunge zu rollen. Erst danach kamen die Lähmung des Armes und des Beins, der Verlust der Stimme und die Verminderung des Schluckvermögens. Doch nun ist Elena fast wieder die Alte. Zwar zieht sie das Bein noch ein wenig nach, doch die Fortschritte sind nicht mehr zu leugnen. Hoffentlich bleibt es dabei und Elena erleidet keinen Rückschlag. Ab heute werde ich sie jeden Tag fragen, ob sie noch die Zunge rollen kann. Wer braucht da noch Röntgenaufnahmen und Computertomographien!

31. Tag – 29. Dezember

Überall um uns herum sind sie zu sehen: die Zeichen von Liebe, Stärke und Entschlossenheit. Ich sehe sie in den Kindern, die zwölf Jahre und älter sind. Die zwar Rückfälle erleiden, sich zwar zum zweiten, vielleicht schon zum dritten Mal in der Klinik befinden – aber noch immer hier sind. Dieser Anblick motiviert uns Tag für Tag.

Heute sahen wir im Bus einen Vater mit seiner Tochter. Das Mädchen war etwa fünf Jahre älter als Elena und, wie wir später erfuhren, ebenfalls das zweite Mal in der Klinik. Ihr Vater saß ganz nahe bei ihr und streichelte ihr aufmunternd über den Kopf, um sie von der Übelkeit abzulenken, an der sie augenscheinlich litt. Ich beobachtete die beiden und wusste, dass sie keine Worte brauchten, um sich zu verstehen. Als wir die Haltestelle erreichten, stand das Mädchen auf, entschlossen, den Bus aus eigener Kraft zu verlassen. Ich schaute Elena an und fragte mich, ob auch wir in fünf Jahren erneut in diesem Bus säßen. Oder würden wir ein Wunder erleben und gar nicht mehr hierherkommen müssen? Doch im nächsten Moment wurde mir bewusst, dass ein Wunder schon darin bestände, überhaupt die nächsten fünf Jahre mit Elena zu erleben.

Heute ging es ihr gut, und wir alle hoffen, dass sich ihr Zustand auch weiter verbessert. Ich weiß, sie wird es schaffen! Sie ist meine kleine Heldin!

32. Tag – 30. Dezember

Ich schaue aus dem Fenster und hänge meinen Gedanken nach. Gedanken, die ich gar nicht haben sollte. Ich betrachte meine schlafende Tochter und denke an die Welt vor ihrem Fenster. Dort draußen gibt es spielende Schulkinder, aufsässige Teenager und junge Erwachsene. Hier drin, in unserem Zimmer, gibt es nur ein kleines Mädchen, das um ihr Leben kämpft. Draußen haben sie alle Zeit der Welt, für Elena geht es um jede Woche, jede Stunde. Es ist einfach ungerecht! Andererseits, was ist schon gerecht …?

Diese Gedanken quälen mich jeden Morgen, jeden Mittag, jeden Abend, vierundzwanzig Stunden am Tag. Sie frustrieren mich und machen mich wütend. Auch wenn es keinen Sinn ergibt, denn man kann keine Vergleiche ziehen. Natürlich ist Elenas Leben nicht mehr wert als das jedes anderen Menschen. Selbst wenn ich das manchmal glaube.

Wir alle vergeuden unsere Zeit und bemühen uns mit aller Kraft um die unwichtigsten Dinge. Doch wenn es dann auf das Ende zugeht, was würden wir da nicht geben nur für einen einzigen Tag … Erst lassen wir die Zeit eitel verstreichen und fühlen uns dann als Opfer, wenn es zu spät ist. Elena hat uns mit ihrer Art, dem Krebs zu begegnen, eine wichtige Lektion beigebracht. Sie hat uns ins Gedächtnis gerufen, dass wir unser Leben schätzen müssen, dass jeder winzige Moment es wert ist, geachtet zu werden. Ich kann nicht glauben, dass ich für diese Lektion womöglich mit dem Leben meiner Tochter bezahlen muss. Doch auch wenn sie ihren tapferen Kampf verliert, werde ich in ihrem Sinne weiterleben.

Diese Nächte im Krankenhaus, am Bett meiner friedlich schlafenden Elena, werden mir immer in Erinnerung bleiben. Es ist einfach nicht gerecht. Aber – was ist schon gerecht …?

34. Tag – 1. Januar

Der Tag heute fing gemütlich an. Nach der achtstündigen Autofahrt von Memphis zurück nach Cincinnati haben wir erst einmal ausgeschlafen. Als die Mädchen uns weckten, haben wir sie einfach zu uns ins Bett geholt und noch ein bisschen gedöst. Noch einige Monate zuvor hätten wir die zwei nach oben geschickt, Zeichentrickfilme schauen, nur damit wir noch ein wenig Ruhe bekämen. Heute macht es uns überhaupt nichts mehr aus, vielmehr genießen wir diese kleinen Kuscheleinheiten. Schade, dass wir nur für zwei Tage zu Hause sind und dann schon wieder nach Memphis müssen.

36. Tag – 3. Januar

Heute bin ich von zwei anderen Müttern angesprochen worden, die sich freuten, dass sich Elena so gut erholt. Für mich ist dieses Thema ein zweischneidiges Schwert. Einerseits bin ich überglücklich, dass unsere Kleine innerhalb von zwei Wochen wieder derart aufgeblüht ist. Andererseits versuche ich, mich nicht allzu sehr daran zu gewöhnen, dass sich Elenas Zustand so schnell verbessert. Immer wieder ertappe ich mich bei dem Gedanken, dass dieser Aufschwung womöglich nur temporär ist. Außerdem verfalle ich erneut in meine alten Gewohnheiten: arbeite, wenn ich mit Elena spielen sollte, lese Zeitung, wenn ich mit meiner Tochter reden sollte, denke an all die unerledigten Dinge im Haushalt, wenn ich

doch darüber nachdenken sollte, was ich noch alles mit Elena un-
ternehmen will.

*Meine Freunde wissen, dass ich Überraschungen eigentlich nicht
leiden kann. Ich lese häufig das letzte Kapitel eines Buches zuerst,
weil ich gern weiß, was auf mich zukommt. Auf diese Weise kann
ich im Alltag jeden Schritt planen. Doch zurzeit erscheint es mir,
als leide ich an einer merkwürdigen Art Depression. Ich weiß zwar
genau, was die Zukunft bringen wird (oder zumindest, was sie sehr
wahrscheinlich bringen wird), fühle mich aber wie gelähmt. Jeden
einzelnen Tag sitze ich diesem kleinen Engel gegenüber, mache Wit-
ze mit ihr und übe rechnen, und denke diesen einen schrecklichen
Gedanken: Die Behandlungen haben Wunder gewirkt, aber haben
sie Elena zu normal gemacht? Wenn ich sie so ansehe, kann ich mir
kaum vorstellen, dass sie jemals einen Rückfall erleiden könnte. Natürlich halten die meisten Menschen diese Einstellung für vorteil-
haft: Positives Denken ist das A und O in der Krebstherapie. Ich
aber habe Angst, dass wir doch wieder anfangen, alles als selbstverständlich hinzunehmen. Was also tun? Mit dem Wissen um den
Tumor versuchen, ein ganzes Leben in ein einziges Jahr zu pressen,
oder jeden Tag nehmen, wie er kommt, und einfach fortfahren wie
bisher?*

*Elena geht es täglich besser. Ihre Wangen sind rosig, und sie hat
viel Appetit. Für sie selbst muss es wohl besonders verwirrend sein,
sich bereits fast gesund zu fühlen und trotzdem regelmäßig ins Krankenhaus zu müssen. Die Auszeit über Weihnachten hat ihr sehr gut
getan. Nun kann sie sich wieder vorstellen, wie es zu Hause sein
wird, wie sie mit ihrer Schwester spielen und in den Kindergarten
gehen wird.*

42. Tag – 9. Januar

*Heute möchte Elena selbst ins Tagebuch schreiben. Ich helfe nur
ein bisschen mit der Rechtschreibung.*

Hi zusammen!

Ich kann's kaum erwarten, nach Hause zu kommen.

Mein Lieblingstier ist der Kolibri.

Ich mag Röcke und glitzernde Haarbänder.

Am liebsten lese ich mein Buch mit all den Tierbildern.

Wenn ich aus dem Krankenhaus komme, möchte ich ganz viele Zeichentrickfilme gucken. Am liebsten welche, bei denen es um Tiere geht.

Mit meiner Gracie gehe ich gern nach draußen spielen. Das ist die schönste Sache auf der Welt!

Meine Lieblingsfarbe ist Pink.

Das Beste an der Schule ist der „Razzle-Dazzle"-Tag.

Von den Jahreszeiten finde ich den Sommer am besten, weil man dann an den Strand gehen kann.

Fußball ist mein Lieblingssport.

Wenn ich nach Hause komme, will ich zuerst an den Strand gehen!

Ich wünschte, ich könnte einmal mit Delfinen im Meer schwimmen.

Was ich im Krankenhaus gar nicht mag, sind all die Spritzen und die Nadel in meinem Kopf.

Es war toll, als alle zusammen an meinem Geburtstag gesungen haben.

45. Tag – 12. Januar

„Sie kennen mich nicht, aber …" So beginnen die meisten Briefe und Karten, die Elena tagtäglich bekommt. Und was als einfaches Tagebuch angefangen hat, das Gracie später einmal an ihre Schwester erinnern soll, ist inzwischen so viel mehr geworden. Es ist zu unserem Motor im Kampf gegen den Tumor angewachsen. Mit jedem Tag kommen mehr Karten und Briefe und E-Mails, mehr als wir Elena jemals vorlesen können. Wenn wir morgens ins Krankenhaus fahren, nehmen wir immer welche mit, um sie im Wartezimmer zu lesen. Diese Nachrichten zaubern stets ein Lächeln auf Elenas Gesicht. Und dank ihnen verlieren wir die Hoffnung nie aus den Augen.

Sie kommen von überall her: Ohio, Kentucky, Indiana, Iowa, Pennsylvania, Florida, Tennessee, Georgia, Alabama, New York, Kalifornien, Washington, Maryland, Virginia, Michigan, Texas, Illinois, Arizona, Arkansas und vielen andere Staaten. All diese Menschen senden uns Genesungswünsche, Geburtstagsgrüße oder einfach ihre Anteilnahme. Einige Leute schicken Fotos, von Kindern gemalte Bilder oder auch kleine Geschenke.

Wir haben einige Karten an die Rückseite der Krankenzimmertür geklebt, andere hängen von der Decke über dem Bett. Diese Grüße unserer fremden Freunde helfen uns und vor allem Elena dabei, jeden Tag aufs Neue positiv anzugehen.

47. Tag – 14. Januar

Elena ist sehr schnell wieder zu Kräften gekommen. Natürlich haben sie sie vorher aber auch sehr schnell verlassen. Trotzdem, nun ist sie fast die Alte. Wenn ich mir unsere Kleine jetzt ansehe und sie dabei beobachte, wie sie in ihren Ringelstrümpfen über den Spielplatz läuft, wird mir abermals bewusst, wie wertvoll all unsere gemeinsamen Jahre bisher waren. Manchmal frage ich mich dann, woran man überhaupt merkt, dass einem ein Wunder widerfährt. Man erwartet schließlich zumindest einen grellen Blitz, ein Zeichen „von oben" oder sogar das Erscheinen eines Engels … Aber vielleicht ist unser Engel ja längst hier, direkt neben uns.

Der heutige Tag verlief entspannt. Der Abwechslung halber entschieden wir uns, meine Schwester im benachbarten Alabama zu besuchen. Zusammen mit ihr und der ganzen Familie picknickten wir im Park. Nachdem Brooke mit Gracie und den Großeltern wieder heimgefahren war, verbrachten Elena und ich den

Nachmittag damit, in dem batteriebetriebenen Mini-Jeep vor Tante Jackies Haus auf und ab zu fahren. Elena liebt das Ding! Als wir allerdings alle zwanzig Minuten den Akku des Autos aufladen mussten, gesellten wir uns doch lieber zu Elenas Cousinen ins Haus.

Auch wenn der Tag keine großen Abenteuer mit sich gebracht hat, werden wir uns bestimmt immer an ihn erinnern. Woran merkt man also, dass einem ein Wunder widerfährt? Die Antwort ist ganz einfach: Man merkt es gar nicht! Ich kann nur meine kleine Tochter glücklich anschauen und hoffen, dass ich das, was viele Eltern als viel zu selbstverständlich hinnehmen, noch miterleben darf: Elenas Schulabschluss, ihre erste Liebe, vielleicht sogar die Geburt ihres Kindes. Ich kann all die kleinen Wunder jeden Tag aufs Neue genießen. Sechzig kleine Wunder pro Minute, 3.600 pro Stunde, 86.400 pro Tag. Denn jede Sekunde mit Elena ist ein kleines Wunder.

48. Tag – 15. Januar

Es ist Martin Luther King Day. Und offenbar hatte Elena im Fernsehen die eine oder andere Sendung dazu verfolgt, denn während sie wieder einmal mit ihrem geliebten Mini-Jeep durch Tante Jackies Hof düste, summte sie ständig „Endlich frei! Endlich frei!" vor sich hin. Wie passend, dachte ich, angesichts ihrer Krankheit. Schade, dass wir heute erneut nach Memphis aufbrechen mussten. Doch in zehn Tagen heißt es für uns beide tatsächlich „Endlich frei!" Dann verlassen wir das Krankenhaus und Memphis fürs Erste, fahren wieder nach Hause zu Brooke und Gracie und hoffen, dass bald alles wieder beim Alten wird.

Doch bis dahin lässt Elena keinen Zweifel daran, dass hier sie die Dame des Hauses ist. Sie kennt jeden im Krankenhaus: jeden Arzt, jede Schwester und alle anderen Patienten. Als wir in unser kleines Zimmer zurückkehrten, holte Elena die Post ab, be-

stimmte, wann und was es zum Abendessen gab, und suchte den Film für den Abend aus. Nachdem wir somit Tiefkühlpizza gegessen und die Muppet Show gesehen hatten, teilte Elena mir großzügig mit, dass es als Nachtisch für uns beide eine große Portion Eis gäbe. Auch wenn sie hier und da noch kleinere Schwierigkeiten hat, zum Beispiel mit dem Sicherheitsschloss an der Tür, gibt sie mir doch eindeutig zu verstehen, dass sie im Haus die Verantwortung trägt. Vielleicht glaubt Elena, ich sei überfordert, vielleicht meint sie, sie sei schon wieder gesund. Wahrscheinlich spielt beides eine Rolle.

Auch wenn sich Elenas Zustand tagtäglich bessert, hat sie noch immer Probleme beim Gehen und mit ihrem Gleichgewichtssinn. Erst heute ist mir das erneut aufgefallen, als wir zu unserer Wohnung im zweiten Stock hochliefen. Beim Treppensteigen braucht sie noch meine Hilfe. Natürlich hätten wir einfach den Aufzug nehmen können, aber dann würde ich schließlich keine Küsschen bekommen. Auf jeder dritten Stufe muss Elena mir nämlich einen Kuss geben. Daddy-Diesel sozusagen, damit ich weiterlaufen kann. Bei den vierundzwanzig Stufen bekomme ich also mindestens acht Küsse. Mindestens, denn manchmal schummle ich ein bisschen, um einen zusätzlichen rauszuschlagen. Ich glaube, Elena hat das längst durchschaut, spielt aber trotzdem mit. Doch jede Art von Zuneigung ist mir mehr als willkommen.

49. Tag – 16. Januar

Es war nicht einfach gewesen, Elena dazu zu bringen, das erste Mal in die Schule zu gehen. Im Grunde hatte es bereits im Kindergarten angefangen. Unsere Kleine hatte enorme Angst, allein dort zu bleiben. Am ersten Tag schlang sie ihre dünnen Ärmchen um das Bein ihrer Mom und wollte uns nicht gehen lassen. Sie weinte und weinte. Der zweite Tag brachte noch mehr Tränen. Auch die nächste Woche war anstrengend, doch langsam gewöhnte sich Elena an die neue Situation. Die Erzieherinnen wurden zumindest begrüßt, trotzdem mussten wir Elena bis zur letzten Minute an der Hand halten. Nach der ersten Woche fasste unsere Kleine Vertrauen. Zwar mussten wir noch immer Händchen halten und Elena drücken und küssen, bis sie sich endlich zu den anderen Kindern setzte, doch immerhin tat sie es irgendwann. Rückblickend wünschte ich, ich hätte sie öfter in den Arm genommen und geküsst.

Wir waren stets Eltern, die ihr Kind fast bis in die Gruppenräume begleitet haben, während viele andere nur schnell mit dem Auto anhielten, damit ihre Sprösslinge aussteigen konnten. Manchmal frage ich mich, ob Elena wirklich derart unsere Unterstützung brauchte oder wir einfach nicht loslassen konnten. Ab sofort werde ich jedenfalls keinen einzigen Tag mehr von ihrer Seite weichen, bis sie zum College geht. Eventuell auch noch danach. Das mag auf den ersten Blick ein wenig gluckenhaft anmuten, aber ich denke, Elena wird es zu schätzen wissen, wenn ich sie jeden Tag zur Schule bringe, immer fünf Schritte hinter ihr gehe, und sie mich ihren Freunden vorstellen kann ... na ja, vielleicht auch nicht.

Im Unterschied zu anderen Kindern ist Elena bei Schulschluss nie fröhlich schreiend aus dem Gebäude gestürmt. Immer wieder hat sie erzählt, wie sehr sie den Unterricht vermisse, wie sehr sie sich auf den nächsten Tag freue und was sie dann alles lernen würde. Selbst am Wochenende nahm sie sich einen Zeigestock und spielte mit ihrer Schwester Schule. Arme Gracie, sie durfte nie die Lehrerin sein.

Seit Elena in die Klinik eingewiesen wurde, war sie endlosen Tests und Behandlungen ausgesetzt. Die ganze Zeit wurde zwar ihr Körper behandelt, aber ihr Geist vernachlässigt. Völlig klar, dass sie davon schlechte Laune bekam. Es gab keinerlei kreativen Ausgleich, nichts zu lernen. Die Ärzte probierten alles Mögliche: psychologische Beratung, Filmabende, sie brachten selbst kleine Geschenke mit. Doch nichts konnte Elena wirklich erfreuen. Dabei war die Antwort im Grunde ganz einfach. Manchmal sind Kinder nämlich keineswegs so kompliziert, wie man denkt. Alles, was sie brauchte, war eine Herausforderung und ein bisschen Ehrlichkeit seitens der Erwachsenen. Einen Monat zuvor forderte Elena genau diese beiden Dinge ein. Sie wusste, dass sie eine schlimme Krankheit haben musste. Warum sonst sollte man sie derart eindringlich untersuchen? Also verlangte sie von uns, nicht mehr hinter geschlossenen Türen und im Flüsterton über sie zu sprechen, sondern ihr ins Gesicht zu sagen, was mit ihr nicht stimmt. Auf eine gewisse Weise hat das auch uns ermöglicht, uns besser mit der Krankheit auseinanderzusetzen. Was die Herausforderung anbelangt, so wollte Elena einfach wieder etwas lernen, wieder Ehrgeiz an den Tag legen können. Als wir dann erfuhren, dass die Klinik auch Schulunterricht gibt, erschien es uns, als hätte jemand unsere Gebete erhört.

Seitdem hat sich Elenas Stimmung völlig gewandelt. Unsere Kleine ist ausgeglichener und selbstbewusster geworden. Zwar klammert sie sich nach wie vor bei jedem Bestrahlungstermin an mich, aber wenn ihre Schulstunden anstehen, marschiert sie wortlos zum Aufzug, zieht ihren kleinen Trolley hinter sich her und schaut sich nicht einmal nach mir um. Der Unterricht sorgt nicht nur für eine Routine in ihrem Tagesablauf, sondern motiviert sie auch. Dank der Schulstunden fühlt sie sich wieder fast wie ein normales Kind.

50. Tag – 17. Januar

Überall in der Klinik sieht man sie, verzweifelte Kinder und Eltern, die das fatale Urteil bekommen haben: Krebs! Kleine Mädchen und Jungen, die eben noch umhertollten, müssen auf einmal um ihr Leben kämpfen. Und die Eltern geben ihr Bestes, sie dabei zu unterstützen. Doch leider bleibt einem nicht viel, was man tun kann. Deshalb kaufen wir Elena andauernd neue Sachen und verwöhnen sie. Den anderen Patienten im Krankenhaus geht es offenbar nicht anders. In jedem Zimmer stapeln sich ungeöffnete Geschenke und nagelneue Spielsachen. Auch Elenas Schrank ist zum Bersten gefüllt mit hübschen Kleidern, Hüten und Schuhen. Doch an den meisten Sachen hängen noch die Etiketten. Es wird nicht genug Zeit bleiben, all die Kleidung zu tragen oder mit all dem Spielzeug zu spielen.

Auch Elena ist sich dessen bewusst und hat aufgehört, ihre Geschenke zu öffnen. Nicht, dass sie sich nicht freuen würde. Sie lächelt jeden an, der ihr etwas mitbringt, und verteilt viele Umarmungen und Küsse. Doch das Einzige, das sie sich wünscht, kann man nicht in ein Paket stecken. Sie wünscht sich mehr als alles andere, endlich wieder gesund zu sein und ein normales Leben zu führen.

Die Leute von Wish Trip, einer Organisation, die jungen Krebspatienten Wunschreisen erfüllt, haben Elena gefragt, wohin sie gern fahren würde. Unsere Kleine hat nur mit den Schultern gezuckt. Ich sagte der netten Dame, dass Elena sich nur wünscht, gesund zu werden. In dem Moment schaute Elena erwartungsvoll zwischen mir und der Wish-Trip-Mitarbeiterin hin und her. Vielleicht hatte sie ja eine Chance? Doch dann konnte die nette Dame nur ebenfalls mit den Schultern zucken. Sie ließ uns eine Broschüre da.

Erfolgreiche Krebstherapien kann man mit keinem Geld der Welt kaufen. Zwar haben wir unserer Tochter jedes Spiel und jedes Kleid angeschafft, das ihr Herz begehren könnte, doch was uns im Moment fehlt, ist Hoffnung und der Glaube daran, dass alles gut wird.

51. Tag – 18. Januar

Vor einigen Wochen sind wir in die klinikeigenen Unterkünfte für Patientenfamilien gezogen. Mit den gemeinsam genutzten Küchen, den großen Aufenthaltsräumen und dem umfassenden Familienprogramm kommt man sich dort schnell näher. Außer uns leben dort etwa fünfzig andere Familien, die all unsere Hoffnungen und Ängste, Probleme und Freuden teilen. Als Elena und ich ankamen, war das große Haus noch fast leer, und wir fühlten uns sehr verloren. Doch nach und nach reisten Eltern und Kinder aus dem ganzen Land an, und wir alle wurden zu einer großen Familie.

Nun, sechs Wochen später, herrscht wieder Aufbruchstimmung. Die meisten Familien haben die erste Phase der Bestrahlung hinter sich, die ersten fahren bereits morgen wieder. Für uns geht es am Donnerstag wieder nach Hause. Doch obwohl uns diese gemeinsame Zeit zusammengeschweißt hat, führten die sehr unterschiedlichen Aussichten und Prognosen dazu, dass die Atmosphäre etwas gedrückt war.

Unter den Familien gibt es zwei Gruppen. Der einen stehen monate- oder sogar jahrelange Therapien und Operationen bevor.

Sie dürfen zwar für zwei bis vier Wochen nach Hause fahren, werden dann aber zurückkehren, um die Behandlung fortzusetzen. Und obwohl diese Familien einen harten Weg vor sich haben, sind doch die Aussichten für die meisten Kinder sehr positiv. Die anderen Kinder haben sich hier in Memphis nur einer Bestrahlung, oder aber einer Kombination aus Bestrahlung und Chemotherapie unterzogen. Diese Familien dürfen endgültig nach Hause zurück. Höchstens einmal pro Monat werden sie zu Routineuntersuchungen wiederkommen. Doch selbst wenn ihre Aussichten auf eine Heilung nicht ganz so gut sind, wird einigen dieser kleinen Patienten immerhin noch eine Überlebenschance von 85 Prozent vorausgesagt.

Ich beneide sowohl die eine als auch die andere Gruppe. Zwar werden auch wir unsere Zelte in Memphis endgültig abbrechen und nur noch für die monatlichen Check-ups zurückkommen, aber ich bliebe auch Monate und Jahre, wenn die Chancen meiner Tochter dadurch über die angekündigten zehn Prozent steigen würden. Unter all den Familien hier sind wir gewissermaßen eine Klasse für sich.

Glücklicherweise herrscht im Haus mittlerweile ausgelassene Stimmung. Obwohl die meisten von uns die letzten Wochen kein Auge zugetan und endlose Nächte an den Betten unserer Kinder oder bei Internetrecherchen verbracht haben, sitzen wir nun fröhlich zusammen. Beim Abendessen erzählen alle voller Vorfreude von Schulen, Basketball-Teams und Reiseplänen. Dennoch, ich kann mich nicht so recht freuen. Für mich ist allein der morgige Tag schon zu weit entfernt.

52. Tag – 19. Januar

Wie schon gesagt, vermissen wir es in der Klinik manchmal, dass man auch auf Elenas (und unsere!) mentale Genesung achtet. Also haben wir entschieden, das selbst in die Hand zu nehmen und Elena und uns etwas Abwechslung zu gönnen. Dafür mietete ich uns im Opryland-Hotel-Komplex ein. Mir ist durchaus klar, dass sich ein Kind vielleicht mehr über den Besuch in einem Vergnügungspark gefreut hätte. Aber ich bin der Meinung, dass auch ich ein wenig Erholung verdient habe. Meine Stimmung in letzter Zeit ist leider alles andere als optimistisch gewesen. Außerdem war Elena noch nie ein typisches Kind. Gäbe man ihr die Wahl zwischen einer Achterbahnfahrt und einem Bibliotheksbesuch, würde sie sich stets für Letzteres entscheiden. Für sie war das Opryland ein wahres Paradies. Wir hatten kaum einen Fuß in unser Zimmer gesetzt, da lief Elena bereits auf den Balkon und rief: „Schau mal, Daddy, der Dschungel!" Sofort mussten wir ihre Mom, Großmutter und Tante anrufen und von der wunderbaren Aussicht auf den künstlich angelegten Dschungel im großen Hotelpark erzählen. Elena war vollkommen hin und weg und schwärmte, das Opryland sei der schönste Ort, an dem sie jemals gewesen sei.

Zwei Stunden lang saßen wir zusammen auf dem Balkon, ließen die Aussicht auf uns wirken und stießen mit Leitungswasser auf unser schönes Domizil an. Kurz darauf meldete sich Brooke und sagte, dass sie sich auf dem Weg zum Hotel verfahren habe und sie und Gracie noch mindestens zwei Stunden brauchen würden. Elena machte sich gar nichts daraus und beschloss, dass wir in der Zwischenzeit im Hotel auf Entdeckungstour gehen sollten. Nach knapp eineinhalb Stunden musste ich erkennen, dass meine kleine Tochter angesichts ihrer Physiotherapie sehr viel besser in Form war als ich. Während sie auf dem sogenannten Dschungel-Pfad am Ende noch zu einem Wettrennen ansetzte, konnte ich mich nur keuchend hinterherschleppen. Das erste Mal seit der Diagnose hat sich Elena heute kräftig genug gefühlt, um zu rennen! Ihr Gleichgewichtssinn war der letzte Punkt, der uns noch Sorgen bereitete, und nun hat sie auch das überstanden. Wenn das kein Grund zum Feiern ist!

Offenbar hat sich das Personal des Oprylands etwas Ähnliches gedacht, denn als sie von Elenas Krankheit erfuhren, behandelten sie die Kleine wie eine Königin und verwöhnten sie nach Strich und Faden. Darauf trinke ich jetzt erst einmal. Welch ein Tag!

53. Tag – 20. Januar

Das gesamte Personal des Oprylands hat Elena adoptiert. Ständig bringen sie ihr das Frühstück ans Bett und schenken ihr kleine Präsente. Heute bekam sie sogar einen speziellen Opryland-

Kinderbademantel. Natürlich musste Gracie auch gleich einen haben, und selbst für Brooke und mich gab es Bademäntel.

Wir haben versucht, für einen Tag Elenas Krankheit zu vergessen und eine normale Familie zu sein. Das ging natürlich voll nach hinten los. Gracie verlangte Aufmerksamkeit, Elena fing Streit mit ihrer Schwester an, und Brooke und ich mussten uns erst wieder daran gewöhnen, zu zweit mit beiden Kindern an einem Ort zu sein. Brooke sagt, wir müssen erst wieder lernen, mit unserem Alltag umzugehen. Sie hat vollkommen recht. Die letzten zwei Monate haben wir in verschiedenen Städten verbracht, jeder mit einem Kind. Eines, das sich nicht bändigen lässt, und ein anderes, das wir nicht bändigen wollen.

Unser Nachmittag endete also damit, dass wir Erwachsenen beim Essen verzweifelt versuchten, ein Gespräch zu führen, während Elena ihre kleine Schwester quer durchs ganze Restaurant jagte. Ich bin mir sicher, dass sich das wieder ändern und einspielen wird, sobald wir erst einmal zu Hause sind. Aber klar ist auch, dass wir viel Zeit als Familie brauchen, ohne Besucher oder Reisen oder Abenteuer, damit sich unser Alltag wieder ordnen kann. Ich fürchte, unser Leben wird sonst noch chaotischer, als es ohnehin schon ist. Obwohl wir zwei ganze Tage gemeinsam verbringen durften, haben Brooke und ich es nicht geschafft, auch nur fünf Minuten lang ein richtiges Gespräch zu führen. Ich freue mich schon darauf, sie nächste Woche wiederzusehen!

54. Tag – 21. Januar

Gestern im Einkaufszentrum haben Elena und ich uns in einem Trekking-Geschäft umgesehen. Dort gab es wirklich alles, was das Abenteurerherz begehrt: Kajaks, Mountainbikes, Skier und Rollerblades. Normalerweise hätte ich mir keinen interessanteren Laden vorstellen können. Doch während ich gestern Hand in Hand mit meiner kleinen Tochter durch die Gänge schlenderte, rief er mir einmal mehr ins Gedächtnis, was wir im Leben bisher verpasst haben. Brooke und ich wollten schon lange zwei Kajaks kaufen und mit den Mädchen Paddeltouren unternehmen. Und nun konnte ich nur hoffen, dass Elena den Sommer überhaupt noch erleben würde. Mir fielen die Fahrräder ein, die wir letztes Jahr für Gracie und Elena gekauft hatten und die zurzeit in unserem Keller Staub ansetzen. Wir hatten höchstens eine Fahrradtour gemacht, bevor uns die „wichtigeren" Dinge wieder einholten. Beim Anblick der Wintersportausrüstung musste ich daran denken, dass Elena noch nie tiefen Schnee gesehen hat, geschweige denn, jemals auf Skiern gestanden hätte. All die Dinge, die ich für Elena und mich geplant hatte, haben wir bisher verpasst. Und nun werden wir vielleicht nie mehr die Gelegenheit dazu bekommen. Als ich Elena vom Skifahren erzählte, sagte sie nur: „Vielleicht nächstes Jahr, Dad, wenn ich ein bisschen älter bin." Das wäre wirklich wundervoll.

55. Tag – 22. Januar

Erfolgschancen sind etwas Schönes, solange man auf der Gewinnerseite steht. Wenn man plötzlich ein krebskrankes Kind hat, werden die Chancen zunächst zum Motor für die eigenen Handlungen. Errechnete Prozentzahlen sind schließlich die einzigen Anhaltspunkte, nach denen wir uns richten können, ganz gleich ob im Aktienhandel, im Sport oder bei der Arbeit. In den letzten Wochen bin ich allerdings zu dem Schluss gekommen, dass Wahrscheinlichkeiten und Erfolgschancen für uns überhaupt keine Rolle spielen.

Was bedeuten diese Zahlen schon? Angenommen, Elena besiegt den Krebs. Hat sie es dann aufgrund der Überlebenschancen geschafft? Oder weil wir uns für die richtige Behandlung entschieden haben? Oder vielleicht doch, weil sie mit ihrer positiven Einstellung derart tapfer durchgehalten hat? Was, wenn sie es nicht schafft? Ist das dann den Überlebenschancen geschuldet? Oder der Entscheidung für die falsche Therapie? Oder einfach nur dem Zufall? So oder so: Letztlich ist diese Frage nach dem Warum überhaupt nicht wichtig. Wenn Elena zu den neun von zehn Kindern gehören wird, die es nicht schaffen, was bedeutet das für uns? Wir haben unsere Tochter verloren, für uns liegt der Verlust also bei hundert Prozent. Und überhaupt, wie gering war die Chance, dass Elena überhaupt an Krebs erkrankt ist?

Jeder Krebspatient handelt und entscheidet niemals anhand der Erfolgschancen, sondern immer seinem Gefühl und seinen Werten folgend. Bei Elena sind unsere Handlungen und Entscheidungen häufig sogar abhängig von ihrer Tagesform. Auch unser Glaube spielte immer eine große Rolle, auch wenn ich zugeben muss, dass es mir angesichts der Situation nicht leichtfällt, mich mit Gott auszusöhnen.

In unserer Zeit hier haben wir viele Menschen kennengelernt – solche, die ihre Diagnose gerade erst erfahren haben, und andere, die nach einem Rückfall wieder in die Klinik kommen. Überall begegnen uns Familien, die uns vor Augen führen, dass die Chancen nicht gut stehen, und dennoch: Ich weigere mich, mich entmutigen zu lassen. Elena wird den Krebs besiegen, wir werden zu ihrer Schulabschlussfeier gehen und zu ihrer Hochzeit! Elena wird die Ausnahme sein, darauf wette ich!

56. Tag – 23. Januar

Heute hat Elena ihre letzte Bestrahlung bekommen. Anfangs wollte sie wieder einmal nicht hingehen, doch als sie dann erfuhr, dass sie in zwei Tagen nach Hause darf, gab sie nach. Angesichts der anstehenden Heimreise erinnerte sich Elena auch prompt an ein Versprechen, das ihre Mom ihr zwei Monate zuvor gab. Ich wusste nichts davon, aber offenbar hat Brooke gelobt, Elena pinkfarbene Cowboystiefel zu kaufen, wenn unsere Kleine die Strah-

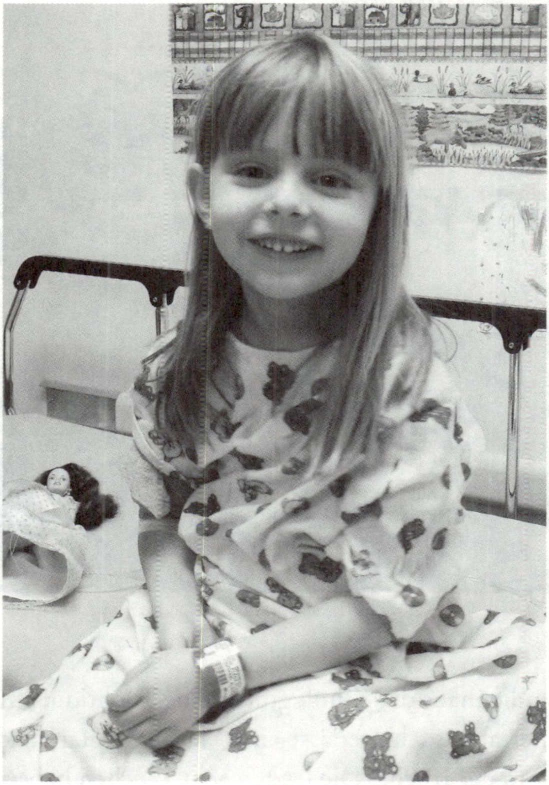

lentherapie hinter sich hat. Das war sicher lieb gemeint, allerdings bedeutete es für mich nun einen nicht enden wollenden Einkaufsmarathon durch sämtliche Schuhgeschäfte der Stadt. Doch am Ende habe ich tatsächlich welche gefunden: pinkfarbene Cowboystiefel, die perfekt zu Elenas pinkfarbenem Cowboyhut passen. Man hat an einem Nachmittag in Memphis schließlich sonst nichts zu tun. Vielen Dank auch, Brooke! Aber was meine Frau kann, kann ich schon lange. Ich sagte Elena, dass Mom ihr in zwei Wochen, wenn die beiden zum Check-up zurückkommen, ein rotes Plüscheinhorn mit glitzernden Flügeln kaufen würde. Na dann, viel Glück auch, Brooke!

57. Tag – 24. Januar

Im Familienhaus der Klinik gibt es eine Tradition: Jeder junge Patient, der abreist, hinterlässt einen farbigen Handabdruck an der Wand in der Küche. Die letzten acht Wochen haben wir tagtäglich unter den farbenfrohen Kunstwerken gesessen und gehofft, dass auch Elena bald ihren Abdruck hinterlassen darf. Heute war es endlich so weit. Natürlich wählte sie ihre Lieblingsfarbe: Pink mit Glitzer. Am Ende war ich es allerdings, der den Großteil der Arbeit hatte, da die Hausmeisterin Elena eine Stelle hoch über der Arbeitsplatte zuwies. Seit einiger Zeit hat Elena Höhenangst, weshalb ich sie nur kurz auf die Schulter nahm, damit sie ihre eingefärbte Hand einmal fest gegen die Wand drücken konnte. Im Anschluss stieg ich auf eine Leiter und vollendete unter Anweisung von Elena die Konturen und Glitzerpartien des Abdrucks. Wie bei allen anderen Kindern auch fügten wir Elenas Namen, ihre Diagnose und ihr Entlassungsdatum hinzu.

In dieser Küche unter dieser Wand zu kochen und zu essen hat bei mir oft gemischte Gefühle hinterlassen. Manchmal waren die Bilder ermutigend. Zwar gab es nur drei Handabdrücke, neben denen ebenfalls Hirnstammtumor zu lesen war, doch für uns hieß es, dass wir nicht allein waren. Manchmal jedoch nahmen die düsteren Gedanken überhand, und ich fragte mich, wie viele dieser Kinder noch am Leben waren. Meistens geschah das, wenn ich mich länger in der Küche aufhielt. Deshalb stellte ich mir selbst die Regel auf, nie etwas zu kochen, das nicht in zehn Minuten fertig war. Anders konnte ich den Anblick der Bilder und die Gedanken, die daran geknüpft waren, nicht aushalten.

Nach einer halben Stunde hatten wir Elenas Abdruck endlich fertiggestellt. Er passte perfekt zu ihrer Persönlichkeit: Er war strahlend und voller Leben. Nun heißt es, Abschied nehmen.

58. Tag – 25. Januar

Endlich sind wir aus dem Familienhaus ausgezogen. Hoffentlich für immer! Nicht, dass es kein angenehmer Ort war (außer, wenn ich wieder einmal sämtliche Teller und Bestecke abwaschen musste), aber die Verbindung des Hauses zur Klinik und damit zu Elenas Krankheit war doch immer präsent. Natürlich werden wir hierher zurückkehren müssen für die Check-ups, für Rezepte und Röntgenaufnahmen. Aber unsere Aufenthalte dauern hoffentlich nie wieder länger als drei Tage.

In den letzten Wochen hat Elena so viel radioaktive Strahlung bekommen, wie sie in ihrem Alter maximal vertragen kann. Während der Behandlung hatten wir Zeit, uns mit der Krankheit auseinanderzusetzen und zu reagieren. Ob wir richtig reagiert haben, wird erst die Zukunft zeigen. Im besten Fall konnte der Tumor mithilfe der Bestrahlung geteilt und verkleinert, vielleicht sogar eliminiert werden. Doch die Ärzte sagen uns, dass der Tumor, selbst wenn er für den Augenblick verschwunden sein sollte, wiederkehren wird. Dann müssen wir alle Hoffnung auf die neuste Art der Chemotherapie setzen. Mit viel Glück wird das unser Wundermittel sein, und das Wort „Rückfall" nie über unsere Lippen kommen. Denn Rückfall bedeutet Hoffnungslosigkeit, Verzweiflung und Bangen.

Die Uhr läuft – nun können wir nur abwarten, aber wir sind zu Hause!

GRACE iLOVE GRACEGO GO!

iLOVE to MOM

MOM DAD

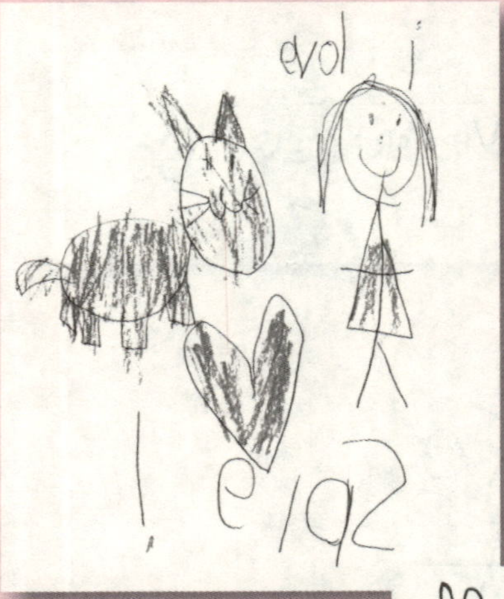

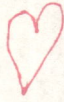

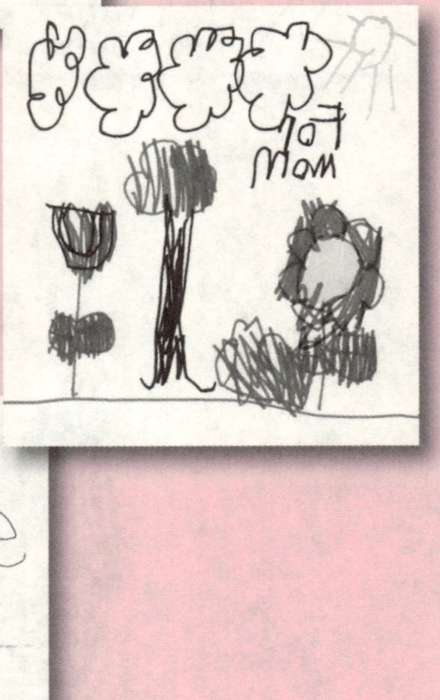
Mom

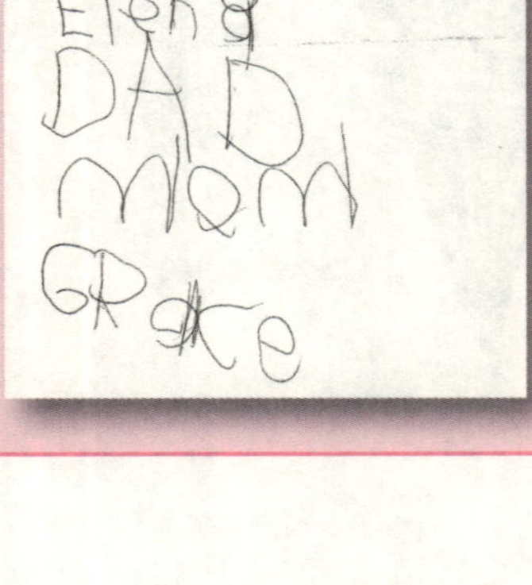
Residence Inn Marriott
i Love
You
Elena
DAD
mom
GRace

 *Teil zwei – Die Flitterwochen*

59. Tag – 26. Januar

Die erste Nacht zu Hause haben wir gut überstanden. Auch am Morgen war alles ganz normal. Ich bin zur Arbeit gefahren, Brooke setzte Gracie im Kindergarten ab und begleitete Elena dann zur Schule. Unsere kleine Heimkehrerin wollte ihren Schulfreunden über die Zeit im Krankenhaus berichten, und irgendjemand musste die ganzen Fotos und Utensilien doch tragen. Man empfing die beiden mit einem zwei mal drei Meter großen Willkommensplakat. Außerdem hatten sich sämtliche Kinder und Lehrer im Hof versammelt, um Elena zu begrüßen. Ich hätte darauf gewettet, dass Brooke diejenige sein würde, der die Tränen kommen, aber tatsächlich war es Elena. Sie war unendlich glücklich, wieder bei ihren Freunden zu sein.

Heute Abend waren wir im Planetarium, die Sterne beobachten. Elena erspähte den Mond und hätte wahrscheinlich sogar den Saturn gesehen, hätte sie etwas länger durchgehalten. Aber das ist nicht weiter schlimm. Unser eigener kleiner Stern schlummert jetzt tief und fest in ihrem Bettchen, und auch Brooke und ich werden diese Nacht gut schlafen.

60. Tag – 27. Januar

Manchmal frage ich mich, ob die moderne Medizin ein Segen oder ein Fluch ist. Natürlich sind wir froh über die Möglichkeiten, die aus den Therapien und der Technik für Elena entstehen. Aber wie soll man mit all der Unsicherheit und der Angst umgehen, die sich aus dem Wissen um Elenas Zustand ergeben? Wie soll man ein normales Leben führen, wenn man weiß, dass die eigene Tochter an einer tödlichen Krankheit leidet?

Unter normalen Umständen würden wir an einem Samstag wie heute zwar erst mit den Mädchen frühstücken, dann aber einkaufen, Hausarbeiten erledigen und im Garten arbeiten. Nur der Sonntag war für die Familie reserviert. Früher haben wir uns viel mehr Zeit für solche Nebensächlichkeiten genommen, heute sehen unsere Prioritäten anders aus. Heute überdenken wir jede Entscheidung zweimal. Muss ich jetzt wirklich duschen? In Ordnung, vielleicht fünf Minuten. Sollte ich zum Frisör gehen? Nächsten Monat, und auch erst, wenn Elena bereits schläft. Das Haus sauber machen? Dafür ist nachts noch Zeit. Das Leben dreht sich nun nur noch um unsere Töchter und darum, so viel Zeit wie möglich mit ihnen zu verbringen.

Und auch wenn es manchmal sehr anstrengend ist, hoffe ich, dass ich diese Entscheidungen noch für den Rest meines Lebens treffen darf. Denn das ist die Krux der modernen Medizin: Sie verrät einem zwar die Diagnose, aber wie viel Zeit uns noch zusammen bleibt, diese Information weiß nur Gott allein. Aber was wir machen können, ist, jeden Tag so bewusst wie möglich zu leben.

62. Tag – 29. Januar

Jeden Morgen bekomme ich von Elena und Gracie einen „Cornflakes-Kuss". Damit verabschieden sie mich täglich, wenn ich zur Arbeit fahre. Zunächst einmal umarmen und küssen sie mich ganz normal, ich streiche den beiden über den Kopf und gehe anschließend in Richtung Tür. Doch dann rufen sie mir hinterher, kommen angesaust und geben mir einen dicken, milchverschmierten Schmatzer auf die Wange. Das führt jeden Tag zu lautem Gekicher und „Cornflakes-Kuss!"-Rufen. Den beiden bereitet es einen Heidenspaß, und ich freue mich, dass sich meine Töchter freuen. Natürlich denken sie noch immer, sie würden mich überrumpeln, aber in Wahrheit habe ich das Spielchen natürlich längst durchschaut – und kann es jeden Morgen kaum erwarten.

Das sind Momente, die einem als Eltern ganz besonders im Gedächtnis bleiben. Die Reisen nach Disneyland, der erste Schultag und selbst die Geburten waren grandios, aber nichts gegen diese kleinen Augenblicke. Wenn Kinder zwischen vier und acht Jahre alt sind, ist es am schönsten. Zu dieser Zeit fühlt man sich als Eltern am meisten geliebt und gebraucht. Dann werden die Kleinen zu richtigen Persönlichkeiten. Aber vermutlich wird es einfach immer schöner, je älter die Kinder werden.

Ich versuche stets, mir diese kleinen Dinge vor Augen zu halten, wenn ich eins meiner beiden Mädchen wieder einmal wegen irgendetwas ermahnen muss. „Wasch dir die Hände mit Seife!", „Mit Essen spielt man nicht!", „Hör auf, deine Schwester zu ärgern!" Seltsamerweise frustriert es mich mittlerweile nicht mehr so sehr, hin und wieder als strenger Vater aufzutreten. Das ist schließlich ein Teil des Elternseins: Man muss auch Grenzen ziehen. Es bedeutet ja nicht, dass ich meine Töchter nicht über alles liebe. Und dass ich nicht jeden einzelnen Augenblick mit ihnen aufsauge wie ein Schwamm – selbst, wenn es um eine Ermahnung geht.

64. Tag – 31. Januar

Wie misst man Zeit? Elena fragt mich, wie lange sie immer wieder zum Arzt gehen und sich Blut abnehmen lassen muss, und ich antworte: „Ein Weilchen noch." Aber was ist „ein Weilchen"? Sind es ein paar Monate? Oder der Rest ihres Lebens? Was, wenn ein paar Monate ihr restliches Leben sind? Gestern war „ein Weilchen" vielleicht noch etwas völlig anderes, als es morgen sein wird. Ich hoffe nur, dass „ein Weilchen" eines Tages rückblickend ein ganzes Leben bezeichnet.

Wann immer ich draußen auf der Straße etwas höre wie: „Ich wünschte, mein Kind wäre schon älter", „Ich wünschte, wir hätten endlich Sommer" oder „Ich wünschte, der Tag wäre vorbei", versetzt mir das einen schmerzhaften Stich. Denn für mich bedeuten diese Blicke in die Ferne, der ungewissen Zukunft meiner Tochter ins Auge blicken zu müssen. Ich möchte einfach nur im Heute leben. Oder besser noch, im Gestern. Denn gestern war noch reichlich Zeit, da hatte man nicht das Gefühl, gegen die Uhr anrennen zu müssen.

Ähnliche Gedanken kommen mir im Supermarkt. Ich achte nicht mehr nur auf Preise und Qualität, sondern auch auf Verfallsdaten. Ich will keine Lebensmittel kaufen, die vielleicht länger haltbar sind, als mein eigenes Kind lebt.

Die Uhr tickt, und zwar laut. Deshalb gehört unsere gesamte Zeit Elena. Erst geht sie zur Schule, dann spielen wir gemeinsam, unternehmen etwas oder lesen ihr vor. Heute haben wir über eine Stunde am Bett gesessen und zusammen geschmökert. Mittlerweile kann Elena selbst recht gut lesen.

Wie lange es wohl dauert, bis sie gesund ist? Ich hoffe, weniger als „ein Weilchen".

66. Tag – 2. Februar

Für den heutigen Tag stand ein ganz besonderes Ereignis auf dem Plan: Wir wollten ein Brautkleid kaufen. Elenas Tante, die im Sommer heiraten wird, hat sich gern dazu bereit erklärt, die Kleinen und mich mitzunehmen. Da Gracie und Elena die Blumenmädchen sein werden, beschlossen wir, gleichzeitig nach passenden Kleidern zu schauen.

Die Straße mit all den Brautmodengeschäften kennen meine beiden Mädchen nur zu gut. Jeden Tag auf dem Weg zum Kinder-

garten oder zur Schule sind wir daran vorbeigefahren, und jedes
Mal hat Elena sich ein neues Lieblingskleid ausgesucht. Als Keith
und ich sie noch im Krankenhaus fragten, was sie nach der Ent-
lassung als Erstes machen wollte, war es daher keine Überraschung,
dass sie sagte: „Ich will ein Brautkleid kaufen gehen." Mit der anstehenden Hochzeit ihrer Tante hatten wir nun auch die beste Gelegenheit dafür.

   Zum Glück fanden wir ein hübsches, kleines Geschäft mit netten Mitarbeiterinnen. Zunächst erlaubten wir den Mädchen, alle

Kleider anzuprobieren, die sie wollten – was nichts anderes hieß, als dass am Ende nur noch die viel zu großen oder limonengrünen Kleider unangetastet blieben. Schon die Vorauswahl machte deutlich, was wir im Prinzip schon wussten: Es bestand keine Hoffnung, unseren beiden Blumenmädchen identische Kleider anzuziehen. Elena wählte ein pinkfarbenes, glitzerndes Ensemble, das sehr damenhaft und glamourös wirkte. Gracie hingegen entschied sich für ein weißes Tüllkleidchen mit rosafarbenen Blumen.

Die beiden hüpften und tanzten in den Kleidern umher und halfen ihrer Tante, ein eigenes Kleid auszusuchen. Gracie betätigte sich regelrecht als Showmaster, indem sie immer wieder mit großen Gesten aus der Umkleidekabine hervortrat und ankündigte, welche Form und Farbe das folgende Kleid haben würde. Dabei verfing sie sich jedes Mal aufs Neue in dem dicken roten Vorhang und legte sich der Länge nach auf die Nase. Der Anblick dieses kleinen quirligen Mädchens, das in seinem hübschen Kleid immer wieder hinfiel, sich aufrappelte und uns versicherte: „Alles okay, alles okay!", war einfach herrlich. Wir haben uns gekrümmt vor Lachen.

Grandpa musste Keith in der Zwischenzeit etwas Nachhilfe geben, wie sich ein Mann zu verhalten hat, während Frauen schöne Kleider anprobieren. Denn während sich mein Gatte bei der Braut nicht mit harscher Kritik zurückhielt („Na ja, das sieht aus wie eine Gardine" oder „Damit könntest du besser in einem Nachtclub auftreten"), war jedes Kleid, das eines seiner Mädchen anprobierte, „einfach perfekt" oder ließ sie aussehen „wie eine Prinzessin!" – überhaupt waren die beiden immer „wunderschön", ganz gleich was sie anzogen.

68. Tag – 4. Februar

Wie genau verbringt man eigentlich die Zeit zwischen den wichtigen Ereignissen seines Lebens? Besteht ein Großteil wirklich nur aus fernsehen, einkaufen und arbeiten? Was ist die Zeit wert, die wir abgelenkt und in einer Art Halbschlaf verbringen, anstatt selbst in Aktion zu treten? Kann ein einzelner Mensch allein die Welt verändern? Kann ein einzelner Mensch ein Heilmittel gegen Krebs finden?

Viel zu oft musste ich diese Fragen in der Vergangenheit mit einem Nein beantworten. Doch seit Elenas Erkrankung sehe ich die Welt anders. Bis vor einigen Monaten waren wir nichts als Zuschauer, Zaungäste des Lebens. Auch wenn Elena – leider Gottes – nicht die Erste in unserer Familie ist, die an Krebs erkrankt, haben wir uns doch bis vor Kurzem nie richtig damit auseinandergesetzt. Früher haben wir es uns leicht gemacht, die Ereignisse bedauert und auf Wunder gehofft. Wir dachten: Was können wir schon tun? Wir sind nur einfache Leute, und Krebs ist etwas, mit dem sich Ärzte und Wissenschaftler beschäftigen sollen. Was wussten wir denn über Therapien, Medikamente und Operationen? Wir sahen uns als hilflose Opfer des Schicksals. Doch im Laufe der letzten 68 Tage hat sich etwas verändert. Wir haben beobachtet, gelernt und aufgepasst. Genauso wie Elena sind auch wir nicht machtlos im Kampf gegen diese teuflische Krankheit.

Den gestrigen Abend habe ich wieder einmal damit verbracht, klinische Studien zu lesen und in meinen Onkologiebüchern zu blättern. Einiges verstehe ich, anderes nicht. Ich bilde mir nicht ein, dass ich mit meiner Recherche wirklich etwas bewirke. Aber ich glaube, je mehr ich über die Krankheit weiß, umso weniger Angst macht mir die Situation, umso mehr verstehen wir vielleicht auch unsere Rolle in dem Heilungsprozess. So fühle ich mich nicht völlig machtlos.

71. Tag – 7. Februar

Heute mussten wir nach Memphis wegen der Nachuntersuchung und einer weiteren Tomographie. Jede Tomographie birgt neue Hoffnungen darauf, dass der Tumor verschwunden sein könnte.

Heute wurden wir enttäuscht – obwohl man ebenfalls keine Verschlechterung feststellte. Elenas Zustand sei eben „wie erwartet". Durch die Bestrahlung habe man den Tumor zwar um fünfzig Prozent reduziert, aber die einzige Lösung, einen Rückfall zu verhindern, sei weitere Chemotherapie. Das Ziel lautet nun: den Tumor am Wachsen zu hindern.

Außerdem sagte der Arzt, man könne kleinere Blutsprenkel erkennen. Auch wenn das per se noch nicht schlimm ist, bedeutet es doch, dass der Tumor anfangen könnte zu bluten. Damit sind unsere Heilungschancen und Therapiemöglichkeiten weiter gesunken.

Am Abend haben Elena und ich unsere ganz eigene Recherche durchgeführt und zum Vergnügen die Bilder der Computertomographie auf meinem Laptop angeschaut. Elena hat sich vor Lachen gekringelt, weil sie das Innere ihres ganzen Körpers sehen konnte. Nur den Tumor konnten wir nicht erkennen.

Anschließend haben wir uns eine Pizza bestellt. Elena bestand darauf, dass sie heute einmal mich bedient. Sie legte kleine Handtücher als Platzdeckchen auf den Tisch, rückte mir den Stuhl zurecht und reichte mir eine selbst gemalte Speisekarte. Während des Essens forderte sie mich sogar auf, mir den Mund mit einer Serviette abzutupfen – immerhin befänden wir uns in einem „feinen Restaurant"! Am Ende war es wohl doch nicht so fein, denn der Gast musste selbst spülen.

74. Tag – 10. Februar

Morgen fahren wir nach Disneyland, und die Mädchen sind schon furchtbar aufgeregt. Wir hatten den mehrtägigen Ausflug bereits sechs Monate zuvor als kombinierte Urlaubs- und Geschäftsreise geplant. Der Geschäftsanteil wird nun ausfallen. Stattdessen fahren wir mit der ganzen Familie. Alle Großeltern kommen mit, ebenso wie die Familien meiner Schwester und Brookes Bruder. Im Moment sind wir noch damit beschäftigt, für jedes

Wetter und jede Eventualität passende Sachen einzupacken. Aber ich denke, mehr als die sechs prall gefüllten Taschen werden wir wohl nicht mitnehmen. Was wir vergessen, müssen wir eben dort kaufen.

77. Tag – 13. Februar

Das Problem an großen Familienausflügen ist, dass sich über kurz oder lang immer ein Konkurrenzkampf um die Zuneigung der Kinder entspinnt. Bei uns sind es die beiden Großmütter, die sich mit Geschenken gegenseitig ausstechen wollen. Kauft die eine Bonbons, kauft die andere Bücher. Die eine reagiert mit Stofftieren, die andere trumpft mit Schmuck auf. Diese Rangeleien werden nicht selten hässlich. Zumal unsere beiden Mädchen auf diese Art und Weise derart über die Maßen verwöhnt werden, dass wir kaum mehr dagegen ankommen. Wir mussten sogar einen Extrakoffer für all die Geschenke besorgen.

Der Tag heute war verregnet, weshalb wir die meiste Zeit im Geisterhaus „Haunted Mansion" und in „It's a Small World" verbracht haben. Achterbahnen und Karussells müssen warten, bis es wieder trocken ist. Gegen vier Uhr am Nachmittag waren wir alle völlig ausgehungert und freuten uns auf das große hawaiianische Luau in unserem Hotel.

Zum ersten Mal seit Langem saßen wir mit fünfzehn Leuten an einem Tisch, aßen und lachten. Es war ein wundervoller Abend, und Elena genoss es erkennbar, ihre sie liebende Familie um sich zu haben. Nach dem Essen setzte sich die Kleine auf meinen Schoß, um die Show der Feuerspucker und Hula-Tänzer anzusehen. Ich konnte die ganze Zeit über meinen Blick nicht von ihr lösen, während ihre leuchtenden Augen gespannt die Vorführung verfolgten. Ich selbst habe nicht viel davon mitbekommen, ich war zu beschäftigt, mein kleines Mädchen im Arm zu halten und es anzuhimmeln.

Schließlich brachen wir auf, und ich trug Elena bis ins Bett, obwohl mein Arm längst eingeschlafen war. Aber nicht nur der Arm tat mir weh, auch mein Herz schmerzte. Wie soll man die Gegenwart genießen, wenn auch in solch schönen Momenten der Kopf mit all dem Ungewissen der Zukunft beschäftigt ist? Und dennoch – heute Abend war ich sicher der glücklichste Vater in ganz Disneyland.

78. Tag – 14. Februar

Elena war schon immer ein eher scheues Kind. Sie hat sich nie in den Vordergrund gedrängt, wollte nie ihre Grenzen austesten. Sie singt nicht laut, weder im Auto noch im Badezimmer, sie spricht nicht mit Fremden, und sie probiert kein Essen, das sie nicht kennt. Sie stellt sich nur dann einer Herausforderung, wenn wir sie dazu drängen.

Doch seit wir von der Krankheit wissen, war jeder Tag eine neue Herausforderung für unsere Tochter. Jeder Tag barg für sie die Gefahr, aus ihrer gesicherten Zone heraustreten zu müssen. Während sie sich früher zwar schmollend, aber doch bereitwillig den neuen Erfahrungen ausgesetzt hat, so geht es heute nur noch unter viel Geschrei und vielen Tränen. Nach etwa drei Monaten mit unzähligen Spritzen, Untersuchungen und Behandlungen ist Elenas Selbstvertrauen nahezu nicht mehr vorhanden. Und der einzige Weg, es meiner Kleinen wiederzugeben, ist, sie zu zwingen, sich Herausforderungen zu stellen.

Heute zum Beispiel habe ich über eine Stunde versucht, sie zu überreden, mit ihrer Cousine auf eine Wasserrutsche zu gehen. Alles Bitten, Betteln und gute Zureden half nichts. Elena blieb stur. Nach einer weiteren halben Stunde packte ich sie also einfach und stieg die Treppen zu der Rutsche hoch. Nach zehn Stufen flehte sie mich an, sie hinunterzulassen. Nach weiteren zehn Stufen begann sie zu weinen. Zehn Stufen später behauptete sie, sie müsse zur Toilette. Oben angelangt sagte sie dann, sie habe Höhenangst. Aber ich blieb hart, auch wenn mir das sicher keinen Titel als Vater des Jahres einbringen wird. Schließlich setzte ich sie auf die Rutsche, gab ihr einen kräftigen Schubs und beobachtete, wie sie schreiend um die erste Kurve sauste. Dann sprang ich hinterher und rutschte ebenfalls hinunter ins Becken. Kaum war ich unten angekommen, war Elena schon wieder auf dem Weg nach oben und erzählte jedem, wie mutig sie gerutscht sei. Später forderte sie mich sogar zu einem Wettrennen heraus. Natürlich ist es nicht die beste Art und Weise, aber manchmal muss man Menschen wohl doch zu ihrem Glück zwingen. Vielleicht versuchen wir es morgen mit den Achterbahnen.

82. Tag – 18. Februar

Heute hieß es bereits wieder Koffer packen. Die Großeltern, Onkel, Tanten und Cousinen sind schon gestern abgereist, um uns noch einen ruhigen Tag zu gönnen. Richtig genießen konnte ich ihn trotzdem nicht. Die Reise kam mir mehr denn je wie

ein Wettlauf gegen die Zeit vor. Wann immer Elena vor Freude juchzte, als sie Karussell fuhr, hoffte ich, dass diese Freude nie zu Ende geht. Das Feuerwerk über dem Freizeitpark erschien mir wie ein Hoffnungsschimmer, ein nie erlöschendes Licht für unsere dunklen Tage. Doch wie die Karussellfahrten und das Feuerwerk ist nun auch dieser Urlaub ein Teil der Vergangenheit – und wir müssen in unseren Alltag zurück und somit einer Zukunft entgegen, von der ich mir wünschte, dass sie niemals zur Gegenwart wird. Ich möchte, dass diese „Flitterwochen", wie die Ärzte die unbeschwerte Zeit vor den weiteren Untersuchungen nennen, niemals vorüber sind.

Elena fragte mich heute, ob man in Disneyland heiraten könne. Ich schaute sie an und wusste es selbst nicht. „Natürlich", antwortete ich trotzdem. Hoffentlich war das keine Lüge, doch eine bessere Antwort ist mir nicht eingefallen. Ich bete, dass die Zeit einmal auf unserer Seite ist und ich diese Hochzeit bezahlen darf.

83. Tag – 19. Februar

Elena hat eine neue Leidenschaft: Sonnenblumen. Die Sonnenblumen von van Gogh, um genau zu sein. Als wir vergange-

nen Samstag nach Frankreich reisten (na ja, zumindest das nachgebaute Frankreich in Disneys Epcot Centre), erkundete Elena van Goghs Kunst in seiner ganzen Pracht. Im Museumsshop fand sie nämlich Postkarten, Taschen, Frühstücksbrettchen und Nachtlichter mit aufgedruckten Motiven des Malers. Besonders gut gefiel ihr ein Lichtschalter mit der Sternennacht, schließlich entschied sie sich für ein Poster mit Sonnenblumen. Vermutlich unter anderem, weil ich die achtzehn Dollar für den Lichtschalter nicht rausrücken wollte. Dem Kassierer erzählte Elena dann prompt, dass ihr Urgroßvater das echte Bild in seinem Wohnzimmer habe und dass ihr Poster nur eine Kopie sei. Natürlich war das Bild im Haus meines Großvaters auch nur eine Kopie – allerdings kein Druck, sondern eine von meiner Großtante gemalte -, aber ich ließ Elena in ihrem Glauben. Morgen wird sie das Poster mit in die Schule nehmen und ihren Freunden während der Erzählstunde darüber berichten. Wahrscheinlich denkt dann die gesamte Klasse, dass ein echter van Gogh in einem Wohnzimmer in Cincinnati hängt. Aber was macht das schon. Elenas Lächeln war mindestens so viel Wert wie ein Gemälde für 32 Millionen Dollar. Danke, van Gogh!

84. Tag – 20. Februar

Bis vor einem Jahr hatte ich den Begriff „Caldecott Medal" noch nie gehört. Heute weiß ich zumindest, dass es sich um eine Prämierung für Bilderbücher handelt. Ich habe keine Ahnung, wie wichtig oder wertvoll dieser Preis ist, aber für Elena ist jedes Buch, das mit dem kleinen Aufkleber „Träger der Caldecott Medal" ausgezeichnet ist, etwas ganz Besonderes. Diese Bücher werden immer außergewöhnlich aufmerksam gelesen und besitzen sogar ein eigenes Regal.

Elena liebt Bücher, und das sieht man ihrem Zimmer auch an. Drei volle Regale stehen dort, und noch zwei weitere in Gracies

Zimmer. Gracie bevorzugt Stofftiere, die sie liebevoll auf dem Boden arrangiert. Elena hingegen würde es nie in den Sinn kommen, ihre Bücher auf den Boden zu legen. Jedes Werk wird vorsichtig ins Regal gestellt, den Rücken nach vorn und die Beschriftung immer in die gleiche Richtung.

Mit Elena ein Buch zu lesen, ist ein wahres Abenteuer. Sie hat ihre ganz eigenen Rituale, die streng eingehalten werden müssen. Als Erstes legt sie den Schutzumschlag beiseite. Immerhin gehört zum Lesen auch das Betrachten und Befühlen des Einbandes. Aber Vorsicht! Der Schutzumschlag muss natürlich ordentlich ins Regal zurück, damit man das Buch wieder darin einschlagen kann, sobald man es beendet hat. Beim Vorlesen muss außerdem stets der Autor erwähnt, das Titelbild präsentiert und gefragt werden, wie Elena die Aufmachung des Buches findet. Daraufhin schlagen wir die erste Seite auf und lesen das Datum der Veröffentlichung und den Namen des Illustrators. Anschließend überlegen wir zusammen, wie alt Elena gewesen ist, als das Buch erstmals erschien. Erst dann kann endlich begonnen werden, die eigentliche Geschichte vorzulesen. Ist die Geschichte vorbei, wird das Buch geschlossen, in den Schoß des Vorlesers gelegt und gemeinsam diskutiert. So und nur so will Elena jeden Abend etwas vorgelesen bekommen. Deshalb brauchen wir auch immer mindestens eine Stunde dafür.

Wir lernen jeden Tag von Elena. Niemals zuvor habe ich auf das Erscheinungsdatum eines Buches oder auf die Details der Illustrationen geachtet. Ich bin zwar ihr Erziehungsberechtigter, aber auf eine gewisse Art erzieht sie auch mich. Fragt man Elena, was sie später einmal werden möchte, antwortet sie: „Mutter und Lehrerin". Dank ihres Einflusses will nun auch Gracie Lehrerin werden, und nicht mehr „Polizeimädchen". Ich weiß genau, Elena wird sich großartig machen, sowohl als Mutter wie auch als Lehrerin. Und bis dahin stelle ich mich gern weiter jeden Abend als ihr Schüler zur Verfügung.

86. Tag – 22. Februar

In letzter Zeit führen wir ernste Gespräche meistens im Auto. So auch heute. Nach der Schule habe ich Elena abgeholt, um sie zu einem Check-up ins städtische Krankenhaus zu fahren. Elena verstand natürlich sofort, was das bedeutete: Blutabnahme. Und das gefiel ihr gar nicht. Um sie abzulenken, fragte ich sie, was sie heute in der Schule gelernt hatten. Aber sie durchschaute mich und redete nur noch von den Spritzen und den Ärzten. Ich fragte, welchen Film sie heute Abend sehen wollte, und sie flehte mich an, heimzufahren. Wie gern wäre ich einfach umgedreht, aber ich erklärte Elena, dass sie nur aufgrund der Bluttests überhaupt nach Hause gedurft hatte. Wegen dieser Tests durfte sie zur Schule gehen, ihre Freunde sehen und in ihrem eigenen Zimmer schlafen. Die Tests müssen sein, damit es ihr wieder besser gehen kann. „Aber mir geht es schon viel besser, Daddy!", sagte sie. Das stimmte. Aber es würde noch eine ganze Weile brauchen, bis der Tumor endgültig verschwand. Elena konnte das nicht verstehen. Schließlich ging es ihr doch gut! Sie konnte wieder sprechen, laufen und feste Nahrung essen. Warum waren also noch all die Tabletten, die Arzttermine und die Blutabnahmen nötig? „Werde ich jemals ganz gesund?", fragte sie dann. „Kommt der Knubbel zurück, und muss ich wieder in den Rollstuhl?" Ich schwieg nur. Elena starrte mich an und wiederholte ihre Frage. „Du wirst jeden Tag ein bisschen gesünder, Liebes, aber es wird noch eine Weile dauern. Bis dahin müssen wir leider noch öfter zum Arzt." Ich konnte nur hoffen, dass das der Wahrheit entsprach. Die übrige Autofahrt verbrachten wir schweigend.

Hoffentlich wird unser Gespräch morgen wieder fröhlicher.

87. Tag – 23. Februar

Seit der Diagnose lässt uns jede ungewöhnliche Bewegung, jedes seltsame Symptom von Elena aufmerken. Am Montag hat sie leicht gelallt. Als sie dann am Dienstag über Ohrenschmerzen klagte, entschieden Brooke und ich, ins Krankenhaus zu fahren und einen Arzt zu konsultieren. Natürlich haben wir überreagiert. Aber angesichts der Tatsache, dass sich diese kleinen Beschwerden das letzte Mal innerhalb kürzester Zeit zu schweren Lähmungen entwickelten, hielten wir es für besser, Elena untersuchen zu lassen. Ich war selten so froh, mich geirrt zu haben. Hoffentlich werde ich mich auch die nächsten achtzig Jahre noch in solchen Fällen irren.

Heute Abend gab es erneut eine Situation, in der ich mit Elena fast zum Arzt gefahren wäre. Wir schlenderten durch das Einkaufszentrum, und Elena wurde langsam müde. Plötzlich fing sie an, ein Bein nachzuziehen. Als Nächstes stolperte sie auf der Rolltreppe und fiel auf die Knie. Für Gracie, die immer viel zu hektisch ist, wäre das normal gewesen. Nicht so für Elena. Also nahm ich sie auf den Arm und trug sie den Rest des Wegs. Zu Hause hatte sich der Zustand des Beines wieder normalisiert, und Elena stieg ganz allein die Treppen hinauf. Ob ich mich wohl wieder getäuscht hatte?

Die Ärzte sagen, dass die Auswirkungen eines Hirnstammtumors in der umgekehrten Reihenfolge wieder auftauchen, in der sie verschwunden sind. Somit müsste Elena zunächst Schwierigkeiten mit dem Schlucken haben, dann käme die Lähmung der Beine, dann die Sprachunfähigkeit. Im Moment sitzt sie vor dem Fernseher und mampft fröhlich Popcorn. Keine Spur von Schluckbeschwerden.

Wahrscheinlich werden diese Sorgen um Elena nie aufhören – und sie wird uns wohl immer wieder überraschen.

91. Tag – 27. Februar

Damit Elena auch körperlich wieder zu Kräften kommt, haben wir Gracie und sie heute zu einem Schwimmkurs angemeldet.

Wahrscheinlich werden wir es wegen der regelmäßigen Untersuchungen und Arzttermine nicht jede Woche ins Schwimmbad schaffen, aber ich glaube, es ist eine gute Motivation für Elena. Deshalb musste Gracie auch unbedingt mitkommen – um den Ehrgeiz ihrer Schwester anzustacheln.

Zu Beginn forderte die Trainerin die Kinder auf, nacheinander ins Becken zu springen. Elena bewegte sich also ganz langsam auf den Rand zu, fühlte erst behutsam mit dem Fuß die Temperatur, setzte sich auf die Kante und tauchte dann die Beine ins Wasser. Die Trainerin stellte sich im Becken ihr gegenüber auf und sagte immer wieder: „Komm, spring in meine Arme." Als Elena keine Anstalten machte, sich zu bewegen, ging die Trainerin noch einen

Schritt auf sie zu. Und nach einer gefühlten Stunde ließ sich unsere Kleine endlich vorsichtig ins Wasser und in die Arme der Trainerin gleiten.

Anschließend war Gracie an der Reihe. Die Trainerin wird sich gedacht haben, wenn die Ältere schon so zaghaft ist, wird die Jüngere noch viel ängstlicher sein. Also ging sie einen weiteren Schritt auf den Beckenrand zu und forderte unsere Jüngste auf zu springen. Gracie stand dicht an die Wand gedrängt und schaute in Richtung Becken. Wer Gracie nicht kennt, könnte ihren Ausdruck als schüchtern und ängstlich missdeuten. Für uns dagegen war es eindeutig der Blick, den sie immer aufsetzt, wenn sie übermütig wird. Gracie brauchte man nicht zweimal zu sagen, dass sie vom Beckenrand springen soll. Ehe die Trainerin reagieren konnte, stieß sich Gracie von der Wand ab, sprintete los und sprang in hohem Bogen ins Wasser. Für die arme Frau war es zu spät, um auszuweichen, und so landete Gracie auf ihr und zog sie mit sich unter Wasser. Es war ein Bauchklatscher, wie er im Buche steht. Das war vermutlich das letzte Mal, dass Gracie im Schwimmkurs zu kühnen Sprüngen aufgefordert wird.

Das erste Mal seit Langem merkten wir Elena wieder an, was sie alles verlernt hat. Vor der Bestrahlung konnte sie ohne Weiteres eine ganze Bahn schwimmen. Infolge der Lähmung hat ihre Motorik jedoch derart nachgelassen, dass sie es nun kaum schafft, selbstständig über Wasser zu bleiben. Aber deshalb sind wir schließlich hier. Das Schwimmen wird ihr helfen, die Muskeln wiederaufzubauen und Kraft für den weiteren Kampf gegen den Krebs zu sammeln.

92. Tag – 28. Februar

Als Vater ist es meine Aufgabe, meine Kinder zu beschützen. Das habe ich Elena die letzten sechs Jahre jeden Tag gesagt. Das ist mein Motto, und sollte man Elena jemals fragen, was die Aufgabe eines Vaters ist, so wird sie sicher ohne zu zögern antworten. Ganz gleich, was auch passiert, Daddy ist da und wird's schon richten. Was auch immer für Gefahren meine Töchter bedrohen, ich werde zur Stelle sein. Wenn es um meine Mädchen geht, bin ich schneller als ein Blitz und mutiger als ein Löwe. Ich habe den beiden stets versichert, dass ich sie nie im Stich lassen werde. Selbst nach der Diagnose habe ich noch geglaubt, dass die Superkräfte eines Vaters auch gegen Krebs helfen, dass ich einmal mehr in der Lage wäre, Elena zu beschützen. Ich würde den Krebs besiegen, würde das Wundermittel oder den Arzt finden, der sie gesund macht.

Je mehr wir uns jedoch mit der Krankheit auseinandersetzen, umso klarer wird mir, dass meine Kräfte diesmal zu versagen drohen. Heute haben wir erfahren, dass die neuartige Chemotherapie, die für Elena ausgesucht wurde, wohl doch nicht so erfolgversprechend ist, wie wir gehofft hatten. Noch können wir nicht sicher sein, aber nächste Woche fahren wir nach Memphis, um uns Klarheit zu verschaffen. Die Aussichten sind jedoch alles andere als ermutigend. Ein anderer Patient hat uns berichtet, dass das Präparat, in das wir so viele Hoffnungen gesetzt hatten, unter Umständen keinerlei Einfluss auf das Wachstum des Tumors nimmt. Mit anderen Worten: Elenas größte Chance auf eine Heilung ist kurz davor, sich in Luft aufzulösen. Nun können wir nur noch beten, dass die Chemo doch anschlägt. Denn eine weitere Bestrahlung würde Elenas kleiner Körper nicht verkraften.

Obwohl ich weiß, dass die Krankheit bestimmt, in welche Richtung wir uns bewegen, fällt es mir doch schwer, das zu akzeptieren. Ich kann nicht glauben, dass wir schon alles tun, was in unserer Macht steht. Können wir nun nur noch auf ein Wunder hoffen? Doch als Vater ist es meine Pflicht, niemals aufzugeben. Und auch wenn ich das Gefühl habe, dass es mich innerlich zerreißt, muss ich zumindest nach außen stark bleiben.

Manchmal mache ich mir Vorwürfe, nicht früher gehandelt zu haben. Es gab bereits Krebserkrankungen in unserer Familie. Ich hätte es also kommen sehen müssen. Ich hätte schneller reagieren müssen. Aber nun will ich alles in Bewegung setzen, um das Versprechen, das ich Elena sechs Jahre zuvor das erste Mal gegeben habe, zu halten. Es ist die Aufgabe eines Vaters, sein Kind zu beschützen.

93. Tag – 1. März

Gracie und Elena sind mehr als nur Schwestern. Sie sind auch die besten Freundinnen. Durch den geringen Altersunterschied von nur 22 Monaten teilen sie nicht nur Kleider und Spielzeug, sondern ihr ganzes Leben. Brooke und ich hatten das so geplant. Wir beide haben Geschwister, die wesentlich älter oder jünger sind als wir selbst. Deshalb dachten wir, dass es für unsere Kinder schöner wäre, vom Alter her nicht allzu weit voneinander entfernt zu sein.

Mit 22 Monaten konnte Elena noch nicht erfassen, was es für sie bedeutete, nicht mehr das einzige Kind im Haus zu sein. Aber vielleicht merkte sie bereits ansatzweise, dass sie nun eine große Schwester war und dass sie somit Verantwortung übernehmen musste. Schließlich war sie ganz vernarrt in den Anstecker mit der Aufschrift „Ich bin jetzt eine große Schwester", außerdem half sie Brooke beim Fläschchengeben und räumte anstandslos ihr Zimmer für den Familienzuwachs. Schon bald wurde uns klar, wie innig sich die beiden kleinen Mädchen liebten. Als Gracie knapp sechs Monate alt war, beobachteten wir zufällig, wie unsere Jüngste in ihrem Stuhl sitzend laut lachte und gluckste, während Elena vor ihr tanzte, auf und ab hüpfte und Grimassen schnitt. Von da an war die tiefe Verbindung zwischen den beiden deutlich zu spüren. Heute gibt Gracie genau das an ihre große Schwester zurück. Wann immer Elena niedergeschlagen oder traurig ist, ist Gracie

sofort zur Stelle und erleuchtet die Welt mit ihrem ansteckenden Lachen.

Genauso spielt jedoch auch Elena eine wichtige Rolle in Gracies Leben, wie mir einige Stunden zuvor wieder einmal klar wurde. Gracie hatte bereits den ganzen Morgen hysterisch geweint und getobt, weil sie die Sachen, die Brooke ihr rausgelegt hatte, nicht anziehen wollte. Nach einer Weile schritt Elena ein, und keine Viertelstunde später kam sie mit Gracie an der Hand hinunter und machte eine Bemerkung darüber, wie hübsch sie heute aussehe. Tatsächlich hatte sie es geschafft, ihrer kleinen Schwester genau die Sachen anzuziehen, die Gracie ein paar Minuten zuvor noch wütend in die Ecke geworfen hatte.

Freunde müssen sich nicht immer ähnlich sein, um miteinander auszukommen. Manchmal sind es vielmehr die Unterschiede, die eine Freundschaft stärken. Im Falle von Gracie und Elena macht gerade ihre Verschiedenheit sie zu einem perfekten Team.

94. Tag – 2. März

Jeder kennt diesen Moment der Müdigkeit, wenn man morgens aus dem Bett steigt. Meist ist es ein Zeichen, dass man am Vorabend besser früher schlafen gegangen wäre. Doch nach der ersten Tasse Kaffee oder einer heißen Dusche legt sich dieses Gefühl meist. Bei Brooke und mir hält es an. Den ganzen Tag über, bis in die Nacht und zum nächsten Morgen. Bei uns ist es mehr als bloßer Schlafmangel, es ist die Erschöpfung, die zu einem Teil unseres Lebens geworden ist.

Nachdem wir die Diagnose erfahren hatten, konnten wir nicht schlafen. Jede Nacht lagen wir bis vier Uhr wach und fragten uns, was wir tun sollten. Inzwischen schlafen wir nicht mehr, weil wir es nicht wollen. Wenn wir den Tag mit unseren Mädchen verbracht haben, nutzen wir den Abend und die Nacht, um zu recherchieren, Artikel im Internet zu lesen und Mails anderer betroffener Eltern zu beantworten. Die Ärzte sagen, wir sollten die Zeit mit Elena einfach genießen und uns entspannen. Die anderen Eltern sagen, wir sollen uns Wissen aneignen und uns vorbereiten. Wir wollen beides.

Immer wieder stellen wir uns die Frage: „Warum Elena?" Dann wenden wir uns unserem Glauben zu. Dem Glauben, dass sich das Wunder schon einstellen wird. Und bis dahin werden wir weiter wach liegen.

95. Tag – 3. März

Manchmal geschehen Dinge einfach. Ohne Grund, ohne Absicht. Manchmal ist ein Tag weder glücklich noch schön noch hoffnungsvoll. Gestern war einer dieser Tage.

Unsere Familie befand sich an entgegengesetzten Enden des Landes. Brooke war mit den Mädchen in Cincinnati, und ich in Kalifornien auf Geschäftsreise. Mittags rief die Lehrerin bei meiner Frau an und sagte ihr, Elena sei müde und vermisse ihren Dad.

Brooke holte unsere Kleine also von der Schule ab. Mittlerweile klagte Elena auch über starke Kopfschmerzen, und als kalte Kompressen, eine Aspirin und viel Flüssigkeit nicht halfen, musste sie nach einer Weile doch wieder ins Krankenhaus. Elenas Zustand verschlechterte sich von Minute zu Minute. Ihr Bein begann wieder zu zucken, ihre Stimme wurde rauer, und ihre rechte Hand wies bereits leichte Lähmungserscheinungen auf. Es sah wirklich nicht besonders gut aus. Als ich einige Stunden später endlich auch im Krankenhaus ankam, hatte man bereits eine Tomographie angesetzt. Zum Glück ließ Elena die ungeliebte CT diesmal ohne Tränen und ohne Beruhigungsspritze über sich ergehen. Das Ergebnis der Untersuchung war allerdings alles andere als beruhigend. Der Tumor war wieder gewachsen. Unsere Auszeit war zu Ende.

Von Anfang an hatte man uns gesagt, dass der Tumor nach der Bestrahlung bereits in einem Zeitraum von drei bis sieben Monaten erneut anwachsen würde. Später korrigierten Spezialisten diese Angaben auf sieben bis vierzehn Monate. Selbst im schlimmsten Fall hätten wir also nicht damit gerechnet, dass der Tumor vor April wieder derart stark in Erscheinung tritt. Bis dahin wollten wir doch neue Behandlungsmöglichkeiten gefunden und noch viel Zeit mit unserer Tochter verbracht haben. Ein Monat war dafür längst nicht genug! Und das Schrecklichste war, dass der Tumor nicht einmal in geringfügigem Maße zu wachsen schien. Nichts und niemand kann sich vorstellen, wie ich mich in diesem Moment fühle.

Was wird nun geschehen? Selbst die effektivsten Behandlungen dauern mindestens zwei Wochen, ehe sie anschlagen. Doch in diesem Augenblick sieht es nicht so aus, als blieben uns diese zwei Wochen überhaupt. Uns bleiben kaum mehr Möglichkeiten. Ist unsere Chance jetzt vertan? Wir brauchen mehr Zeit, wir brauchen ein Wunder, und zwar jetzt! Morgen ist es vielleicht zu spät. Elena, ich liebe dich!

96. Tag – 4. März

Willkommen in der Grauzone! Unsere Ärzte können nicht mit Sicherheit sagen, ob der Tumor tatsächlich gewachsen oder infolge der Bestrahlung nur geschwollen ist. Natürlich würden wir nur zu gern glauben, dass es sich um Letzteres handelt. Zudem ist Elena heute Morgen mit Fieber und Kopfschmerzen aufgewacht – vielleicht waren ihre Symptome gestern lediglich die Vorboten einer Grippe! In vier Wochen wird eine weitere CT gemacht, währenddessen steht Elena unter strenger Beobachtung.

Beim Mittagessen heute fand sie selbst einen Grund für ihre Kopfschmerzen: „Mommy, ich habe jetzt seit einer Woche Kopfweh, aber davor hatte ich keine." Natürlich! Drei Wochen lang hatte sie die Chemo-Medikamente genommen, die letzte Woche aber hatte sie „medikamentenfrei". Vielleicht waren die Symptome einfach nur Entzugserscheinungen! Elena sollte später unbedingt Medizin studieren. Sie erstaunt mich jeden Tag aufs Neue.

Selbst wenn unsere Kleine vielleicht keine Ärztin wird, den Job einer Krankenschwester erledigt sie schon mit links! Einige Stunden zuvor, als man sie an den Tropf anschließen wollte, machte sie uns ganz ruhig darauf aufmerksam, dass die Schwester ein Luftbläschen in der Spritze übersehen habe. Sie solle besser einmal in die Luft spritzen, um die Bläschen loszuwerden. Verdutzt schaute die Schwester erst Elena, dann mich, dann die Spritze an. Elena hatte vollkommen recht. Als ich meine Süße allerdings fragte, ob sie später einmal Ärztin werden wollte, habe ich sie noch nie so schnell und so vehement den Kopf schütteln sehen. Na ja, vielleicht können wir sie doch noch überzeugen, ehe sie womöglich Profi-Fußballerin werden will.

98. Tag – 6. März

Sie nennen Elenas Tumor „ungewöhnlich". Üblicherweise verheißt das nichts Gutes. Etwas Ungewöhnliches bedeutet Unsicherheit, Unvorhersehbarkeit und vielleicht sogar Unheilbarkeit. Doch für uns bedeutet es auch, dass es Hoffnung gibt. Denn Kinder mit einem „normalen" Hirnstammtumor haben eine sehr geringe Überlebenschance, da es kaum Behandlungsmöglichkeiten gibt. Legt „ungewöhnlich" also nicht genau das Gegenteil nahe? Für uns tut es das jedenfalls! Für uns schließt es ein, dass vielleicht niemand zuvor solch einen Tumor gesehen hat, dass Elenas Tumor vielleicht derjenige ist, der geheilt werden kann. Ganz sicher hatten die zehn Prozent überlebender Kinder auch „ungewöhnliche" Tumore.

101. Tag – 9. März

In den letzten Tagen hat Elena oft mit Lkw-Fahrern gesprochen. Ihr Hello-Kitty-Funkgerät fing die Signale ab, so bekam unsere Kleine die Grüße der Trucker an ihre Kollegen mit. Ein Funkgerät mag nicht das beste Spielzeug für eine Sechsjährige sein, aber natürlich hatten wir angenommen, dass Elena damit höchstens ihre Freundin aus dem Nachbarhaus erreichen kann. Die Wahrheit kam erst ans Licht, als Elena das kleine Gerät mit zu einem Ausflug nahm und im Auto plötzlich Namen wie „Tina Ray", „Big Mac" und „Diesel Duo" genannt wurden. Die hatten anscheinend auch keine Ahnung, dass sich am anderen Ende der Leitung ein Kind mit einem 25-Dollar-Walkie-Talkie samt Hello-Kitty-Aufdruck befand. Doch Elena redete munter drauflos, fragte die Fahrer über ihre Strecken aus und über die Verkehrssituation. Wahrscheinlich haben sich durch die Anweisungen meiner Kleinen heute so einige Trucker verfahren.

102. Tag – 10. März

Die Wichtigkeit einer gesunden Ernährung wird einem schlagartig bewusst, wenn man ein krankes Kind zu Hause hat. Einige meiner wenigen Waffen im Kampf gegen den Krebs sind Topf und Kochlöffel, doch die muss man erst einmal richtig nutzen lernen. Seit Wochen verbringe ich meine Abende mit Ernährungsplänen, Nährwerttabellen und in Internetforen.

Alles, was natürlich und bio ist, ist wunderbar, und die Liste der gesunden Lebensmittel schier endlos. Doch nun geht es darum, so viele nahrhafte Lebensmittel wie möglich in Elenas Essen zu schmuggeln. Reis und das wenige Gemüse, das sie mag, dünste ich in grünem Tee für die zusätzlichen Mineralstoffe. Außerdem bin

ich mittlerweile geradezu eine Meisterin darin, Shiitake-Pilze in millimeterkleine Stückchen zu atomisieren, damit sie Elena in ihrem Essen nicht bemerkt. Der Schwierigkeitsgrad ist dadurch sehr hoch, dass Gracie außerordentlich allergisch auf Pilze reagiert. Inzwischen koche ich zwei verschiedene Gerichte, einmal mit, einmal ohne Pilze, die jedoch genau gleich aussehen müssen. Elena ist es bereits aufgefallen, wie ich ihren und Gracies Teller ausgetauscht habe, wenn sie sich ausnahmsweise auf Gracies Platz am Küchentisch gesetzt hat.

Manchmal sehne ich mich nach meinem schnellen Tiefkühlessen, nach den Mikrowellengerichten, den Chicken Nuggets und Weißbrot mit Marmelade. Mir widerstrebt es sehr, die Großeltern zu bitten, den Mädchen keine Süßigkeiten mitzubringen, oder meinen Bruder zu ermahnen, seinen Kindern in Elenas Anwesenheit keine Hamburger zu kaufen, weil Elena dann auch einen will. Doch dann denke ich daran, dass dies meine Aufgabe im Kampf gegen die Krankheit ist und dass wir sie nur gemeinsam besiegen können. Also gibt es eben morgen Tofu mit Rosmarinsoße und Porree mit Knoblauch und Zitrone. Hmm, lecker.

103. Tag – 11. März

Heute sind wir zu Elenas Wunschreise aufgebrochen, die sie von der Organisation „Wish Trip" geschenkt bekommen hat. Sie wollte einmal mehr nach Florida. Elena lag förmlich die ganze Welt zu Füßen. Von einer Kreuzfahrt zu den Eisbären der Arktis bis zu einer Besichtigung des echten Eiffelturms stand ihr alles offen. Doch nach einer zwei Wochen andauernden Diskussion und mit viel Unterstützung von Gracie entschied sich Elena für eine Fahrt nach Florida, um dort mit Delfinen zu schwimmen. Auch wenn ich ihre Bescheidenheit durchaus lobenswert finde, frage ich mich, ob sie sich jemals einen Urlaub außerhalb von Florida wird vorstellen können. Es gibt doch so viel zu sehen, allein in den

USA – vom Grand Canyon bis hin zu den Walstationen an der Ostküste. Ob Elena sich etwas anderes wünschen würde, wenn wir in den Ferien nur einmal weiter fortgefahren wären? Allerdings ist angesichts ihres Gesundheitszustandes eine kurze Reise nach Florida im Moment vielleicht das Beste. Zumal sie auch noch nie mit Delfinen geschwommen ist. Sicher wird es ein schöner Tag für die Mädchen.

Für Brooke und mich haben Ferien jedoch eine andere Bedeutung. Für uns sind das Tage der Melancholie, kombiniert mit unendlicher Müdigkeit und Erschöpfung. In diesen Momenten sehne ich mich besonders danach, dass endlich die rettende Botschaft kommt: „Sie ist geheilt!" Erst dann kann ich aufhören, mich an jedem winzigen Augenblick, jeder schönen Erinnerung festzukrallen.

Die anstehende Reise nach Orlando macht mir das besonders deutlich. Vor der Diagnose wäre sie nichts Außergewöhnliches gewesen. Doch jetzt hält sie uns schmerzlich vor Augen, dass dieser Urlaub womöglich Elenas letzter sein könnte. Der Gedanke tut so weh, dass ich wünschte, die Reise würde nie beginnen, schließlich müsste sie dann nie enden. In Disneyland wurde uns bewusst, dass man die Zeit nicht anhalten kann. Zwar macht man Fotos, man versucht, jede Erinnerung festzuhalten, um sie nie zu vergessen, doch am Ende ist man gezwungen, den Blick starr auf die Gegenwart zu richten. Wenn man es mit einer tödlichen Krankheit zu tun hat, beschäftigt man sich einzig und allein mit dem, was heute vor einem liegt. Morgen fängt man dann von vorn an. Und genau das ist es, was derart müde macht.

Doch dieses Mal möchte ich, dass der Urlaub anders wird. Keine Träne und keine Klage über verpasste Momente. Vielleicht ist es ein unmögliches Vorhaben, aber es ist immerhin ein Vorhaben! Leben bedeutet Erleben, sowohl das Gute wie auch das Schlechte. Und etwas erleben werden wir, gleichgültig ob zu Hause oder in Orlando. Also – nichts wie her mit den Delfinen!

104. Tag – 12. März

Delfine fühlen sich an wie Gummi. Das zumindest behauptet Elena, seit sie mit den Tieren geschwommen ist. Es sei der beste Tag ihres Lebens gewesen, sagt sie ständig, alles, wovon sie schon immer geträumt habe. Und ich muss gestehen – auch für mich war heute einer der schönsten Tage, die ich jemals erleben durfte. Es gibt doch nichts Bewegenderes, als einen Moment, der für deine kleine Tochter so einmalig ist, mitzuerleben.

Schon als wir am Morgen in der Schlange standen, fragte Elena unzählige Male: „Geht's jetzt los?" Dann gab es eine Führung durch die Anlage. „Geht's jetzt los?" Anschließend mussten wir zur Anprobe der Neoprenanzüge. „Geht's jetzt los?" Doch als wir endlich am Riff standen und die ersten Schritte ins Wasser machten, schrie Elena nur: „Ich will da nicht rein!" Das Wasser war keine 20 Grad warm. Nach ungefähr zehn Minuten Schreien und Hin- und Herlaufen wagte sie sich zwar endlich weiter vor, hatte aber bereits ein neues Problem: „Die Fische sollen mich nicht berühren!" Die Tatsache, dass sie später dicht an dicht mit zentnerschweren Tümmlern schwimmen würde, verschwieg ich erst einmal. Langsam wateten wir tiefer in die Bucht und schnorchelten zunächst nur in knietiefem Wasser. Dort konnten wir schon winzige Guppys sehen. Wir bewegten uns immer weiter hinaus. Am Ende hatten Keith und ich fast mehr Angst als die Mädchen. Elena war plötzlich wieder voll in ihrem Element und schwamm umher wie ein Fisch. Vor ihrer Behandlung war sie immer gern und viel im Wasser gewesen, und nun entdeckte sie erneut diese alte Leidenschaft.

Nach dem Mittagessen ging es dann zu den Delfinen. Leider war Gracie noch nicht groß genug, um in dieses Becken zu dürfen, deshalb gehörte der Moment nur Elena und mir. Sobald wir ins Wasser stiegen, kamen die Tümmler schon auf uns zugeschwommen und planschten fröhlich um uns herum. Elena sagte entzückt: „Schau mal, Mommy, die Delfine wissen bestimmt, dass ich sie mag!

Sie freuen sich, mich zu sehen!" Die Betreuer erzählten uns ein wenig über die Tiere, was Elena jedoch restlos überhörte. Sie war voll
und ganz mit Roxy und Coral beschäftigt. Anschließend durfte sie
sich von einem der Delfine ziehen lassen. Coral raste mit Elena in
weitem Zickzack durch das Becken, und unsere Kleine hatte einen
Heidenspaß. Keith und Gracie waren in der Zwischenzeit zur Toilette verschwunden. Sie haben das Spektakel leider verpasst. Doch
glücklicherweise konnte man für 50 Dollar ein Video von Elenas
Delfinritt kaufen.

   Am Abend aßen wir zusammen ein großes Eis und erzählten
wieder und wieder jedes Detail des Tages. Anschließend schauten
wir uns im Hotel unser Video an. Als ich Elena dann ins Bett brachte, flüsterte sie mir zu: „So was habe ich mir schon immer gewünscht." Und damit ging auch mein größter Wunsch in Erfüllung – meine Tochter glücklich zu sehen.

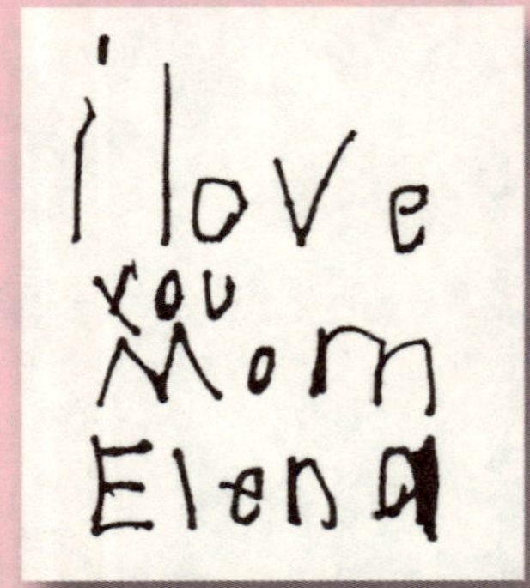
i love
you
Mom
Elena

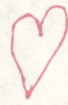

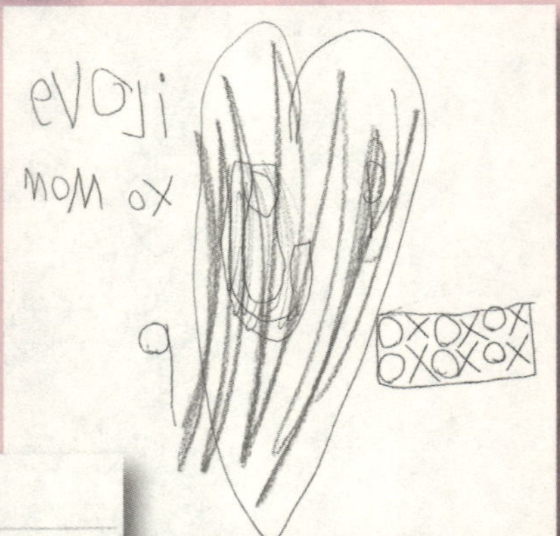
OXOXOX
OXOXOX

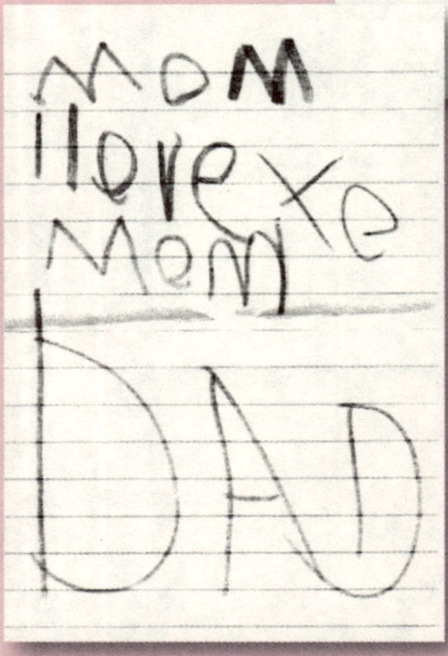
MOM
DAD

Teil drei – Leben mit dem Rückfall

107. Tag – 15. März

Die Ärzte sagten, dass Elenas Symptome konstant bleiben und sich nicht mehr verändern werden. Wenn sie Probleme mit der Stimme hat oder Schwierigkeiten beim Laufen, wird sich dieser Zustand als dauerhaft erweisen, und nicht kommen und gehen. Als Elena uns gestern Morgen mit brüchiger Stimme begrüßte und leicht humpelte, musste ich mich also ängstlich fragen, ob dies nur Erschöpfung oder tatsächlich Auswirkungen des Tumors sind. Anfangs dachten wir noch, sie wolle nur Aufmerksamkeit, als sie uns in Gebärdensprache zu verstehen gab, dass sie mehr Saft haben wollte. Aber während wir sie immer wieder aufforderten zu sprechen, wurde uns schmerzlich bewusst, dass sie wirklich Probleme damit hat. Ein Blick in den Kalender verriet uns, dass heute genau drei Tage vergangen waren, seit Elena ihre letzte Dosis Chemo-Medikamente bekommen hatte.

Obwohl wir an unserer positiven Einstellung festhalten, fällt es Elena zunehmend schwer, bei Laune zu bleiben. Sie wacht mit einem Lächeln auf, doch will sie schwungvoll aus dem Bett steigen, hindert ihr verkrampftes, taubes Bein sie daran, und sofort wird sie schwermütig. Will sie uns Guten Morgen sagen und die Worte kommen nicht heraus, zeichnen sich deutlich Ärger und Frustration auf ihrem Gesicht ab. Diese Gefühle werden den ganzen Tag über stärker – wenn sie uns nicht mitteilen kann, was sie anziehen, essen oder unternehmen will. Bis zum Mittag hat sich der Ärger in wahren Zorn verwandelt, und am Abend ist sie dann derart erschöpft, dass sie kaum mehr einen Happen zu sich nehmen kann und nur noch schlafen möchte. Heute verlief der Tag genau so, verbunden mit vielen Tränen. Wir mussten sie förmlich zwingen, bis sieben Uhr wach zu bleiben und wenigstens ein halbes Würstchen zu essen.

Brooke und mir ist durchaus bewusst, dass wir erst am Anfang eines langen, schweren Kampfes stehen. Doch wie schafft man es, eine Sechsjährige zum Durchhalten zu animieren, wenn sie eigentlich nur ihre Ruhe haben will?

Nein, heute war kein guter Tag. Und wegen des Regens mussten wir zudem unsere Paddeltour absagen. Wenigstens an den Strand konnten wir – wenn auch nur kurz, denn nach einer halben Stunde war uns allen so kalt, dass wir schnell zurück ins warme Hotelzimmer wollten. Das hatten wir uns anders vorgestellt. Elena braucht Ablenkung, um sich wieder richtig zu erholen. Entspannung ist der Schlüssel zu ihrem Selbstwertgefühl.

108. Tag – 16. März

Die Rollenverteilung zwischen unseren Kindern war immer klar. Elena war die sich kümmernde große Schwester und Gracie die Entertainerin. Der Anblick von Babys oder kleinen Tieren konnte unsere Älteste in wahre Verzückung versetzen, während Gracie so etwas völlig gleichgültig war. Infolge der Diagnose haben Keith und ich uns ernsthaft Sorgen gemacht, wie Gracie damit umgehen würde, dass sich in Zukunft vieles um ihre Schwester dreht. Normalerweise war es Gracie, die im Rampenlicht stand, während Elena zufrieden in einer Ecke saß und sich mit ihren Büchern oder Buntstiften beschäftigte.

Elena hat in den letzten drei Monaten gelernt, sich auf die neue Situation und all die Aufmerksamkeit ihrer Eltern einzustellen. Nur mit Gracie weiß sie noch nicht recht umzugehen. Die Umkehrung der Rollen bereitet ihr offensichtlich Schwierigkeiten.

Doch während des heutigen Tages konnte ich beobachten, wie

Gracie selbst die Initiative ergriff und sich von ihrer besten Seite zeigte. Sie schob ihre Schwester im Rollstuhl umher und bedankte sich artig, als Elena sie von ihrer Zuckerwatte probieren ließ. Später im Hotel packte ich dann unsere Sachen für die Heimreise und belauschte dabei zufällig ein Gespräch meiner beiden Mädchen. Elena wollte sich für das Abendessen nicht die Haare kämmen. Da setzte Gracie mit ruhiger Stimme an: „Keine Angst, Lena. Mama kann dir einen Zopf machen. Möchtest du das? Willst du heute das Restaurant aussuchen, Lena? Ich lass dich aussuchen, dann kannst du essen, was du willst. Freust du dich, Lena?" Und als unsere Älteste später umständlich ins Auto kletterte, hielt Gracie sogar Elenas neue Handtasche fest.

Vorbei das ewige Gezanke – wenigstens im Moment. Aus meinen zwei Mädchen sind echte Ladys geworden. Gracie mit all ihren Streichen und Übermütigkeiten verhält sich reifer, als ich es in unserer Situation jemals von ihr erwartet hätte. Angesichts ihrer kranken Schwester hat nun sie die Rolle der Großen übernommen. Sie wusste genau, dass diese Reise für Elena bestimmt war, und sie hat sich kein einziges Mal beschwert. Erst heute Abend fragte sie mich leise, ob wir zu Hause Minigolf spielen könnten, da wir diesen Plan heute aufgrund von Elenas Zustand verwerfen mussten.

Einerseits bin ich dankbar und froh, dass sich Gracie derart selbstlos zeigt. Andererseits macht es mir auch Angst, dass meine Kleine so früh erwachsen werden muss. Es ist wesentlich einfacher, mit anzusehen, wie sich die zwei zanken und streiten, als zu beobachten, wie abhängig sie plötzlich voneinander sind. Aber so oder so bin ich mehr als stolz auf meine zwei Mädchen.

110. Tag – 18. März

Bis vor vier Monaten bestand unser abendliches Ritual darin, dass ich die beiden Kleinen die Treppe zum Schlafzimmer hochjagte, sie einfing, so lange wie möglich auskitzelte und dann mit einem Gute-Nacht-Kuss ins Bett steckte. Um am meisten gekitzelt zu werden, hatte sich Gracie angewöhnt, so zu tun, als würde sie auf der Treppe stolpern, um als Erste gefangen zu werden. Elena hingegen – immer die Ehrgeizige – rannte stets so schnell sie konnte die Treppe hinauf. Erst wenn ich bereits das Licht ausgeschaltet hatte, machte mich Elena darauf aufmerksam, dass Gracie länger gekitzelt worden sei und dass nun sie noch an der Reihe wäre. Wie konnte ich da Nein sagen?

Inzwischen hat sich unser Ritual verändert. Zunächst wird vorgelesen, aber nur von Brooke. Meine Aufgabe derweil: Elenas Füße zu massieren. Ich kann immerhin meine Stimme nicht so gut verstellen wie Mom. Natürlich will auch Gracie die Füße massiert bekommen, und es dauert wohl nicht mehr lange, und Brooke wird ebenfalls ihre Ansprüche anmelden. Anschließend folgt das Weihwasser. Ich war nie besonders religiös, aber seit einigen Monaten ordern wir regelmäßig Weihwasser. Und ich bin mir sicher, es zeigt Wirkung! Da ich aber keinerlei Erfahrungen mit diesen kirchlichen Ritualen habe, erfanden wir unsere eigene Prozedur. Jeden Abend nehmen wir einen Spritzer und reiben ihn Elena in den Nacken. Die Idee ist, das Wasser so nahe wie möglich am Tumor aufzutragen. Erst heute hat Gracie ihren eigenen Spritzer Weihwasser eingefordert. Hauptsache, sie verlangt demnächst nicht auch noch Elenas Chemo-Medikamente.

Am Ende wird dann wieder gekitzelt. Wie immer rennt Elena schnell ins Bett, und Gracie tut so, als würde sie auf der Treppe stolpern. Manchmal denke ich, dass diese Momente die wirksamste Therapie sind. Denn nichts ist so sehr Balsam für die Seele wie unsere Gute-Nacht-Rituale.

111. Tag – 19. März

Elena verwendet wieder Gebärdensprache. Ihre Stimme wird immer brüchiger, und sie gestikuliert mehr und mehr mit den

Händen. Ihr schwaches Bein verbirgt sie noch recht erfolgreich vor uns, aber uns ist klar, dass sie auch mit dem Gehen Schwierigkeiten hat. Langsam machen wir uns wirklich Sorgen. Das Essen muss mittlerweile wieder in kleine Stücke geschnitten werden, Elena vermeidet feste Nahrung aus Angst, zu ersticken. Noch sind wir nicht bei Pudding und Apfelmus angelangt, aber ermutigend ist die Situation nicht gerade. Nach wie vor hoffen wir, dass es sich nur um eine Schwellung und nicht um einen Rückfall handelt. Die nächste Computertomographie ist Anfang April. Dann wissen wir mehr.

113. Tag – 21. März

Heute war ein herrlicher Tag: sonnig, warm und mit einem ersten Hauch Frühling in der Luft. Noch einige Wochen zuvor wäre es ein perfekter Tag gewesen. Brooke und ich verließen die Arbeit zeitig und holten die Mädchen im Kindergarten und von der Schule ab. Wir verbrachten den Tag in unserem Garten, schubsten die Mädchen auf der Schaukel an und spielten mit ihnen in ihrem kleinen Haus unter dem Baum. Es war das erste Mal seit Oktober, dass wir im Garten waren. Damals war unser Leben noch leicht gewesen. Und genau das war es, was wir jetzt brauchten: Leichtigkeit. Elena und Gracie kletterten auf Bäume, jagten Schmetterlingen hinterher und tollten über die Wiese. Brooke und ich schauten zu und sehnten uns nach der Unbeschwertheit der Kinder. Ich beobachtete jede Bewegung von Elena und hoffte, dass die Lähmung ihres Beins zurückgehen würde, dass meine einzige Sorge wieder die Mückenstiche an Armen und Beinen sein würden.

Zwar war Elena heute guter Laune, aber ihr Zustand verschlechtert sich zusehends. Zusätzlich zum Humpeln und den Schluckbeschwerden klagt sie nun über starke Kopfschmerzen und Sehschwierigkeiten. All die Symptome, die wir bereits kennen. Ich denke, wir müssen der Realität langsam ins Auge sehen und die Möglichkeit akzeptieren, dass der Tumor tatsächlich gewachsen sein könnte – dass wir nicht mehr Monate Zeit haben, sondern vielleicht nur Wochen.

Fragt man uns, wie es uns geht, antworten wir meist: „Gut", auch wenn das nicht im Geringsten der Wahrheit entspricht. Fragt man ein zweites Mal, zucken wir nur mit den Schultern und sagen: „Ach, du weißt schon", obwohl sie es natürlich nicht wissen, gar nicht wissen können. Wir suchen Ruhe in der Routine. Wir gehen zur Arbeit, falten die Wäsche, räumen die Geschirrspülmaschine aus. Auf all diese Kleinigkeiten können wir uns zwar kaum konzentrieren, aber irgendwie machen sie die Tage erträglich. Nur so gelingt es uns, auch einmal nicht an die Sorge um Elena zu denken. Wie es uns also geht? Gut, solange wir nicht stillstehen.

Schon morgen lautet unsere Antwort vielleicht nicht mehr „Gut". Elena muss sich einer weiteren Computertomographie unterziehen. Die Untersuchung war zwar nicht geplant, aber angesichts all der Symptome vermuten auch die Ärzte, dass der Tumor erneut wächst. Und was soll dann passieren? Chemotherapie? Welche anderen Möglichkeiten haben wir jetzt noch? Können wir dann noch bei unserer Routine bleiben? Nun beginnt der Teil der Behandlung, der sich nicht mehr um Wissenschaft, sondern letztendlich um Glauben dreht. Doch was heißt Glauben denn eigentlich? Heißt es vielleicht, blind darauf zu vertrauen, dass Gott uns die richtige Entscheidung treffen lässt? Ich kann und will nicht akzeptieren, wie wenig Einfluss ich als Vater darauf habe, wie es mit Elena weitergeht. Aber was bedeutet das schon? Ich muss es so hinnehmen – und kann nur beten, dass Elena doch noch die Chance bekommt, alles im Leben zu erreichen, was sie erreichen möchte.

Wir werden eine Entscheidung treffen müssen, und das vielleicht schon morgen. Alles andere liegt in Gottes Hand.

So also fühlt sich Verzweiflung an. Als Elenas Tumor knapp vier Monate zuvor entdeckt wurde, bekamen wir bereits einen Vorgeschmack darauf. Damals wollten wir kein Wort glauben von dem, was uns die Ärzte erzählten. Ebenso wenig, wie wir es glauben konnten, als man uns gestern sagte, der Tumor sei inzwischen doppelt so groß wie zuvor. Die Wut und die Angst der letzten Monate kamen hoch, nur um ein Vielfaches verstärkt. Diesmal konnte ich kaum mehr sehen und hören, was um mich herum passierte. Ich zitterte am ganzen Körper und begann zu schwitzen. Während der gesamten Besprechung versuchte ich trotzdem, so konzentriert wie möglich zu sein, zu verstehen, was man uns erklärte. Irgendwie würde das alles schon einen Sinn ergeben. Der Tumor war gewachsen, aber ich hatte noch keine Ahnung, was das bedeutete. Doch selbst jetzt, nachdem ich die ganze Nacht lang recherchiert habe, weiß ich nicht, wie wir uns entscheiden sollen. Sollen wir Elenas Lebensqualität aufs Spiel setzen und einer weiteren Behandlung zustimmen, obwohl die Erfolgsaussichten derart gering sind? Oder brechen wir sämtliche medizinischen Methoden ab und gestalten Elenas verbleibende Zeit so schön wie möglich? Wir waren nicht darauf vorbereitet, diese Entscheidung treffen zu müssen. Zumindest noch nicht jetzt. Doch der Tumor ist eben „ungewöhnlich", er wächst schneller, aggressiver und an den schlimmstmöglichen Stellen im Körper. Was gäbe ich jetzt für einen „normalen" Tumor!

Bald müssen Brooke und ich eine Entscheidung treffen. Eine Entscheidung, die wir nicht ertragen können. Alle raten uns, wir sollen auf unsere Herzen hören. Ich habe es versucht, aber mein Herz bleibt stumm. Es tut nur weh. Ich hielt „Herzschmerz" stets für einen äußerst kitschigen Begriff, aber nun leide ich selbst unter seinen quälenden Stichen. Alle Versuche, neue Hoffnung aufzubauen, werden von den Ärzten zunichte gemacht. Sie sagen uns, dass niemand mit solch einem Tumor überleben kann. Was ist denn aus der Überlebenschance von zehn Prozent geworden? Sollte das nur eine Lüge gewesen sein, damit wir ruhig schlafen können?

Unsere Entscheidung müssen wir nun ohne Statistiken und ohne die Wissenschaft fällen. Glauben wir weiter an eine Schwellung und bleiben bei den aktuellen Chemo-Medikamenten, hat Elena – falls es tatsächlich nur eine Schwellung ist – vielleicht noch einige Monate zu leben. Ist es keine Schwellung, sind es höchstens zwei Wochen. Glauben wir an einen Rückfall und entscheiden uns für eine neue, aggressivere Chemo, bleibt Elena etwa ein Monat. Sollten wir uns für die neue Behandlung entscheiden, und am Ende war es doch nur eine Schwellung, haben wir Zeit vergeudet. Wie man es auch dreht und wendet – es geht nur noch um Wochen, höchstens wenige Monate. Aber es sind wertvolle Wochen. Zeit, in der ein Wunder passieren kann, in der vielleicht ein neues Medikament entdeckt wird.

Wie also sollen wir uns entscheiden …?

116. Tag – 24. März

Heute telefonierte ich mit einem Vater, dessen einziger Sohn ein Jahr zuvor an Krebs gestorben ist. Und anstatt seine Zeit mit seinem Kind verbringen zu dürfen, mit ihm zum Baseball zu gehen oder ihm Radfahren beizubringen, steht dieser Vater jetzt anderen Eltern zur Seite, die ein ähnliches Schicksal teilen wie er. Den Kampf gegen die Krankheit in dieser Form weiterzuführen ersetze ihm seinen Sohn zwar nicht, aber vielleicht helfe es irgendwann, ein anderes Kind zu retten. Er sagte, der zweitschlimmste Tag seines Lebens wird dann sein, wenn alle anderen seinen Sohn vergessen haben. Doch allein über den schlimmsten Tag möchte ich im Moment noch gar nicht nachdenken. Ich bezweifle, dass ich ohne Elena die Kraft hätte, mich wie er dieser Krankheit weiterhin entgegenzustellen. Aber vielleicht irre ich mich auch, vielleicht bin eines Tages ich es, der am anderen Ende der Leitung zuhört.

Wir sprachen also über den Forschungsstand und die mangelnden Therapiemöglichkeiten. Und im Verlaufe des Gesprächs begriff ich, dass es auch den anderen Familien so wie uns geht. Auch bei ihnen dreht sich alles um den Kampf für ihre Kinder, und nicht gegen die Krankheit. Verlieren sie diesen Kampf, hat aus ihrer Sicht der Krebs gewonnen. Die zurückbleibende Familie lebt ihr Leben weiter, Ärzte kümmern sich um neue Patienten, und Kinder werden vergessen. Aber während ich mich mit dem engagierten Vater unterhielt, erkannte ich, dass in diesem Verlust auch die Hoffnung liegt, anderen kranken Kindern mit seinen Erfahrungen beistehen zu können. Wir sollten also nicht darüber reden, dass Kinder vergessen werden, sondern darüber, dass wir uns an sie erinnern müssen.

Niemand kann etwas dafür, wie er im Angesicht dieser Krankheit empfindet. Doch besiegen können wir sie letztlich nur gemeinsam. Selbst wenn auch ich im Moment ausschließlich an meine eigene Tochter denken kann.

117. Tag – 25. März

Zurzeit dreht sich alles um stille Momente. Wann immer es laut wird, verkriecht sich Elena in ihr Schneckenhaus. Mit ihrer dünnen Stimme kann sie sich kaum Gehör verschaffen, also sagt sie lieber gar nichts.

In einem solchen Moment fragte sie mich nun, ob Gracie und sie das Spielhaus im Garten anstreichen dürften. Keine Ahnung, wie sie darauf kam, aber da ließ sich natürlich etwas machen. Also besorgten wir Farbe und suchten nach alten Hemden und Hosen. Dass Elena eine echte Dame ist, wissen wir selbstverständlich. Doch wie sehr sie stets hübsch und adrett aussehen möchte, wurde mir erst klar, als sie sich mit Händen und Füßen dagegen wehrte, die alten Sachen zum Streichen anzuziehen. Nachdem ich sie letzten Endes aber überreden konnte, marschierten wir mit Farbeimern und Pinseln bewaffnet in den Garten und machten uns an die Arbeit. Keine zehn Minuten später hatten die Mädchen natürlich schon wieder genug und alberten nur noch herum. Während ich also Vögel, Wolken und bunte Blumen an die Wände des Spielhauses malte, verewigten sich Elena und Gracie überall mit pinkfarbenen Handabdrücken. Wie gern würde ich Elena so unser gesamtes Haus streichen lassen, wenn sie nur genug Zeit hätte.

118. Tag – 26. März

Unser Leben gleicht einer Achterbahnfahrt. Zwar geht es Elena dank der Medikamente wieder besser, aber die Ungewissheit der nächsten Wochen und Monate wiegt schwer. Zudem werden die Chemo-Präparate ab morgen reduziert, die Symptome werden sich also vermutlich erneut verstärken. Allerdings hoffen wir, dass diese geringere Tablettendosis über Wochen, Monate, vielleicht sogar Jahre beibehalten werden kann.

Heute hat Elenas Arzt aus Memphis angerufen, um uns seine Meinung zu den neusten CT-Ergebnissen mitzuteilen. Natürlich hatten wir alle gehofft, dass dieser Anruf uns die qualvolle Entscheidung erleichtern, uns endlich die ersehnte Lösung bringen würde. Das Gegenteil war jedoch der Fall. Denn neben den zwei Möglichkeiten des Rückfalls und der Schwellung kam nun noch eine dritte hinzu. Der Arzt sagte, es wäre (und wirklich nur wäre) denkbar, dass das Innere des Tumors abstirbt, sich das tote Zellgewebe um ihn herum festsetzt und er deshalb so viel größer wirkt. Ich habe keine Ahnung, wie ich mir diesen Vorgang genau vorstellen muss und was er für Elena bedeutet. Ich weiß nur, dass mir die Entscheidung über unseren nächsten Schritt bereits mit zwei Möglichkeiten schwer genug gefallen ist. Nun müssen wir auch noch diese dritte Variante in Betracht ziehen. Das wird eine lange Nacht.

119. Tag – 27. März

Was kostet ein Lächeln? Ziemlich genau 229 Dollar plus Mehrwertsteuer. Und kaufen kann man es im Spielzeugladen. Um es zu transportieren, sollte man allerdings ein großes Auto besitzen, bei dem man die Rückbank umklappen kann. Außerdem muss das Lächeln mit jeder Menge Schrauben, Bolzen und Dübeln zusammengebaut werden. Natürlich bleibt am Ende wie immer eine Schraube über, aber irgendwie findet auch die ihren Platz – und dann kann das Lächeln endlich für eine Testfahrt nach draußen gebracht werden.

Ich habe nachgegeben und einen pink- und lilafarbenen Barbie-Jeep mit Batterieantrieb gekauft. Elena hat ihn sich lange gewünscht. Nun habe ich ihn ihr geschenkt, und dafür ein begeistertes Lächeln bekommen. Zu dumm, dass ich die Kamera nicht finde.

Viel zu oft haben wir von Elenas „letzten Malen" geschrieben. Vielleicht ist das sogar unvermeidlich, denn als Eltern muss man sich einen Weg suchen, mit dem Krebs fertigzuwerden. Man sagt

sich: „Dies ist das letzte Mal, dass sie ihre Großeltern besucht“, oder „das letzte Mal, dass sie *Der Nussknacker* sieht“. So bereitet man sich auf das Schlimmste vor, und man glaubt, auf diese Weise würde man den Schmerz ein bisschen lindern können.

Doch diese Gedanken machen uns endlos traurig und töten jede Hoffnung, die wir noch haben. Wir müssen also vielmehr anfangen, über Elenas „erste Male“ zu reden. Wie in der Zeit kurz nach ihrer Geburt: ihr erstes Lächeln, ihre ersten Schritte, ihre ersten Worte. So sollte es wieder sein: das erste Mal, dass sie mit Delfinen schwimmt, das erste Mal auf einer Wasserrutsche, ihr erstes Abendkleidchen. Das fühlt sich viel besser an.

Heute ist die Nachricht über das Wachstum des Tumors bereits drei Tage alt, und Brooke und ich haben noch immer nicht entschieden, wie es mit Elenas Behandlung weitergehen soll. Nicht, weil es uns an Informationen fehlt, im Gegenteil. Doch wir fühlen uns unfähig, über Elenas Schicksal zu bestimmen. Keine Lösung sieht richtig oder eindeutig aus. Was also sollen wir tun?

137

Angesichts der Tatsache, dass es Elena im Moment zunehmend besser geht – sie läuft und spricht wieder normal und auch das Schlucken klappt ohne Komplikationen -, leben wir erst einmal weiter wie bisher und wollen die nächste CT kommende Woche in Memphis abwarten. Vielleicht gibt sie uns Aufschluss darüber, ob es sich bei dem Tumorwachstum nicht doch nur um eine Schwellung handelt. Und da ist sie wieder, diese verdammte Hoffnung …

120. Tag – 28. März

Keith ist wirklich ein Dummkopf. Mag ja sein, dass er einen Barbie-Jeep braucht, um ein Lächeln zu erkaufen, ich bekomme es jeden Tag umsonst. Liest man dieses Tagebuch, gewinnt man wohl schnell den Eindruck, Elena und Gracie seien Daddys Mädchen. Das ist vollkommen falsch. Bei uns herrscht noch immer die Regel: drei gegen einen. Daddy bekommt die Schläge ab, ich die Küsse. Allein heute kam Gracie zu mir und knuddelte mich, während Elena ihren kräftiger werdenden rechten Haken an Keiths Magengrube ausprobierte. Ich sehe schon kommen, dass sie doch noch eine Boxerkarriere einschlägt.

Heute war Elena einfach nur glücklich. Außer den morgendlichen Tränen, als wir sie an der Schule absetzten, verlief der Tag wunderbar. Elena ist in den letzten Wochen besonders morgens sehr anhänglich geworden, was regelmäßig zu tränenreichen Verabschiedungen am Schultor führt. Nicht, dass sie nicht gern dorthin ginge. Wenn wir sie abholen, kann sie kaum aufhören, vom Unterricht zu erzählen. Sie will nur nicht fort von uns.

Als ich ihr heute Abend in den Schlafanzug geholfen habe, sagte sie, dass wir zu wenig Zeit als Familie verbringen. Ich bin da ganz ihrer Meinung, aber ich weiß auch, dass Elena ihre Freunde und Lehrer sehr gern hat. Natürlich ist es für mich jeden Morgen aufs Neue hart, sie an der Schule abzusetzen (auch wenn ich es sehr viel besser aushalte als Keith, die alte Heulsuse!). Trotzdem bin ich überzeugt, dass Elena diese Stunden mit den anderen Kindern braucht, um aus ihrem Schneckenhaus herauszukommen. Der Unterricht ist nicht nur für ihre Bildung, sondern auch für Elenas emotionale Entwicklung wichtig. Und für uns ist diese tägliche Routine eine Chance, wenigstens ansatzweise ein normales Leben zu führen.

122. Tag – 30. März

Bei uns heißt sie nur „Tabletten-Trina". Sie ist die ganze Nacht wach, ist ungewöhnlich schüchtern, hat einen Bärenhunger und ist leicht reizbar. Mit anderen Worten: Es ist nicht unsere Tochter. Deshalb nennen wir Elena zu bestimmten Zeiten nur „Tabletten-Trina". Heute hat Tabletten-Trina den Tag früh begonnen. Um genau zu sein, kurz nach Mitternacht. Und ich war an der Reihe, bei Elena im Zimmer zu schlafen.

Ich ging um Viertel vor zwölf zu Bett, um zehn nach zwölf wachte sie auf. Der Grund des akuten Notfalls: ihr Lippenstift. Auf einmal war ihr eingefallen, dass sich dieser noch in ihrer Hosentasche befand und dass sie ihn unbedingt brauchte, und zwar jetzt! Ich war eben erst eingeschlafen und entsprechend verwirrt. Im Halbschlaf stolperte ich ins Bad und suchte nach der Hose. Als ich mit dem Lippenstift zurück in Elenas Zimmer kam, lag sie tief und fest schlafend im Bett. Es war wohl doch kein Notfall.

Um halb zwei wachte sie erneut auf. Diesmal brüllte sie laut und unerbittlich: „Dad! Dad! Daaaddy!" Als ich aufwachte, sagte sie: „Ich will mein rosa Kleid!", ich verstand jedoch: „Ich hab' mit Oma Streit." Ich war verwirrt, und Elena wurde immer wütender, während sie den Satz ständig wiederholte. Endlich begriff ich, was sie wollte, und versuchte, sie zu beruhigen. „Das Kleid ist in der Reinigung, wir holen es morgen ab." Zwei Minuten später war sie wieder eingeschlafen – ich hingegen lag fast eine Stunde lang wach.

Um vier Uhr achtzehn dann der nächste Alarm. Sie rief nach mir und sagte: „Ich muss dir was erzählen!" Ich rappelte mich auf, doch als sie nur schwieg, ging ich zu ihrem Bett und schaute nach ihr. Sie hatte sich schon wieder umgedreht und schnarchte. Genau wie ihre Mutter, dachte ich. Wer hätte geahnt, dass so etwas erblich sein kann?

Morgen ist Brooke an der Reihe. Bis dahin ist die Wirkung der Pillen hoffentlich wieder abgeklungen und Elena kann durchschlafen. Gute Nacht, Tabletten-Trina.

125. Tag – 2. April

Die Hoffnung hat viele Gesichter. Heute kam sie in Form einer weißen Limousine daher. Am Freitag sagte uns Elenas Lehrerin, dass am Montag eine Überraschung für die ganze Familie geplant sei. Wir ahnten nicht einmal ansatzweise, dass Elenas Mitschüler und Lehrer sich für unsere Kleine etwas derart Besonderes ausgedacht hatten. Und als wir heute in die Limousine stiegen, hatten wir keinen blassen Schimmer, was der Tag noch bringen würde.

Auf unserer Fahrt entdeckte ich meine Familie einmal mehr neu. Ich sah Elenas scheues Lachen, Brookes Tränen und entdeckte Gracies große Vorliebe für die Spielereien eines Luxuswagens. Sie drückte jeden Knopf, betätigte jeden Hebel und trank Saft aus der Minibar. Zum Glück fand Brooke irgendwann den Sicherheitsgurt.

Unsere erste Station war das Kunstmuseum. Elena erkannte es sofort und teilte mir gleich mit, dass sie schon dreimal hier gewesen sei. Normalerweise ist das Museum montags geschlossen, doch ein Lehrer hatte seine Beziehungen spielen lassen, und so konnte Elena heute ihre eigene Privatführung durch die Ausstellungsräume genießen. Wir bewunderten moderne Kunst, Skulpturen, impressionistische Malerei und sogar einige Multimedia-Installationen.

Dann ging es mit der Limousine weiter zu unserem nächsten Ziel: eine Ausflugswiese am Fluss. Die Lehrer hatten ein ganz besonderes Picknick für Elena zusammengestellt, mit all ihren Lieblingsgerichten.

Das i-Tüpfelchen dieses Tages war das herrliche Wetter. Das Museum, das Picknick, unsere Zeit gemeinsam als Familie, das alles ist eine wundervolle Erinnerung. Und für die kommenden Tage im Krankenhaus können wir schöne Erinnerungen wirklich gut gebrauchen. Wahrscheinlich erwarten uns dort Nachrichten, die wir nicht hören wollen, und die Unterstützung und Anteilnahme von Elenas Lehrern und Mitschülern machen uns diese Aussicht weniger schwer. In der Limousine fanden wir außerdem eine Steppdecke, die Elenas Lehrer und Freunde selbst hergestellt hatten. In ihr steckt all die Liebe und Hoffnung unserer Mitmenschen. Sie ist das größte Kunstwerk, das wir an diesem Tag gesehen haben.

128. Tag – 5. April

Ich hatte niemals zuvor einen persönlichen Helden. Vorbilder ja, und sogar Mentoren, aber keinen echten Helden. Jemanden, der Fleisch gewordene Tapferkeit und Charakterstärke ist, jemanden, der das Unmögliche möglich machen kann. Und nun finde ich als Vater meinen Helden in unserer kleinen Tochter. Ihre Stärke und ihr Mut sind beispiellos. Elena hat miterlebt, wie sie die Kontrolle über Arme und Beine und Stimme verlor, wie sie dann jedoch ihre Fähigkeiten wiedergewann und sie ihr nun aufs Neue entgleiten. Und dennoch hört sie nicht auf, zu lächeln und zu kämpfen. Elena hat sich immer um andere gesorgt, und selbst jetzt, mit einer derart schweren Krankheit, denkt sie mehr an andere als

an sich selbst. Ich kann nur hoffen, dass sie das Unmögliche voll-
bringen wird. Dass sie diese hoffnungverzehrende Krankheit besiegen wird und helfen kann, anderen im Kampf gegen den Krebs
beizustehen.

Das ist mein Traum, und das ist es, was meine Heldin schaffen
wird!

135. Tag – 12. April

Vor 135 Tagen hat sich unser Leben für immer verändert. Vor
135 Tagen stand ich auf einem dunklen Krankenhausflur mit meiner kleinen Tochter an der Hand. Vor 135 Tagen sagte man uns,
Elena habe noch viereinhalb Monate zu leben – viereinhalb Monate, exakt 135 Tage. An jenem Abend haben wir dieses Tagebuch
für Gracie begonnen, damit sie später die Geschichte ihrer Schwester nachlesen kann. Heute ist genau diese Zeit verstrichen. 135
Tage aus dem Leben einer Familie, die kämpft, hofft, verzweifelt.
Morgen beginnt ein neuer Abschnitt, und damit eine neue Phase
in unserem Leben.

Am 28. November erhielten wir die Diagnose, da begann Phase eins: Verzweiflung. In Phase zwei beherrschte uns die Wut darüber, dass so etwas ausgerechnet unserer Tochter geschieht. In
Phase drei fingen wir an zu kämpfen, lasen zahllose Bücher, re-
cherchierten im Internet und redeten mit Betroffenen. Phase vier
brachte uns erneut Verzweiflung angesichts des Tumorwachstums.
Es ist eine Sache, sich eingeschüchtert und überwältigt zu fühlen
von der Komplexität dieser Krankheit. Eine ganz andere Sache ist
die Verzweiflung, nicht genug über den Krebs zu wissen, um ihn
bekämpfen zu können. Ganz gleich, wie viele Ärzte und Experten
man auch konsultiert: Niemand weiß, woher der Tumor kommt,
warum er wächst und wie man das Wachstum aufhalten kann.

In Phase fünf versuchten wir verzweifelt, die Erinnerungen an
Elena festzuhalten. Wir haben ihre Hände in Gips gegossen, sie

sämtliche Wände bemalen lassen und jeden Fetzen Papier aufgehoben, den sie bekritzelt hatte. Erst jetzt, am 135. Tag erkennen wir, dass diese Phase voreilig und unnötig war. Elena kämpft noch immer, sie wird es auch weiterhin tun. Sie hat die Erwartungen und Vorhersagen übertroffen, und so wird es auch in Zukunft sein. Die Phasen enden hier – das Leben beginnt!

An dieser Stelle soll nicht unerwähnt bleiben, dass auch Gracie und Elena begonnen haben, Tagebücher zu führen. Wahrscheinlich haben sie sich gedacht, was Daddy kann, können sie schon lange.

138. Tag – 15. April

Es bleibt immer relativ, was ein guter Tag ist. Noch ein Jahr zuvor waren unsere Ansprüche völlig andere als heute, aber gemessen an der Situation war heute tatsächlich ein guter Tag. Wir verbrachten den gesamten Sonntag im Museum und kehrten am Nachmittag müde und ausgelaugt nach Hause zurück. Gracie und ich legten uns sofort zu einem kleinen Nickerchen auf die Couch, eine halbe Stunde später gesellte sich auch Elena dazu. Das Sonntagsnickerchen mit Daddy war schon immer ein festes Ritual bei uns. Im Herbst und Winter, während der Football-Saison, sehe ich fern und die Mädchen schlummern in meinen Armen ein.

139. Tag – 16. April

Wegen der anstehenden Hausrenovierungen schläft Gracie heute in Elenas Zimmer. Normalerweise liegt unsere Jüngste im Doppelstockbett unten, und Elena oben. Doch Elena sagte, sie habe Angst, herauszufallen, und wolle lieber tauschen. Für gewöhnlich wäre Gracie ohne zu zögern in das „große Bett" gesprungen, doch heute wirkte sie unsicher und wandte sich an Mom und Dad.

„Wann geht es Lena besser?" Aber einige Fragen kann man einfach nicht beantworten. Glücklicherweise lagen Gracie noch andere Dinge auf dem Herzen. „Wird das Haus endlich fertig, wenn Lena gesund ist?" „Ich will auch Geschenke, wie Elena."

Es gibt keinen Zweifel daran, dass Gracie mitbekommt, wie es ihrer Schwester geht, auch wenn sie es nicht völlig versteht. Trotzdem nimmt sie die Rolle der Großen vorbildlich ein. Sie umarmt Elena bei jeder Gelegenheit, so wie Elena es früher mit ihr getan hätte. Sie schnallt ihre große Schwester im Auto an und hilft ihr, Zahnpasta auf die Bürste zu geben. Abends deckt sie Elena zu und küsst sie. Auch sie selbst sieht sich nicht mehr nur als Elenas Schwester, sie ist auch „ihre beste Freundin in der ganzen Welt".

145. Tag – 22. April

Manchmal fehlen mir die schlaflosen Nächte von früher. Nicht, dass wir nicht auch jetzt genug schlaflose Nächte erleben, aber damals waren sie anders. Damals war Elena noch klein, und wenn Brooke und ich gegen halb zehn zu Bett gingen, hörten wir die Kinder der Nachbarn noch laut auf der Straße Fußball spielen, rufen und lachen. Immer wieder regte ich mich auf und fragte, was das für Leute sind, die ihre Kinder an Schultagen noch derart spät draußen spielen lassen. Wenig später fiel mir dann meistens ein, dass auch unsere Kleinen eines Tages lange aufbleiben und draußen spielen würden, also zog ich mir die Decke über den Kopf und versuchte zu schlafen.

Wenn ich jetzt im Bett liege, höre ich zwar noch immer die Geräusche der anderen Kinder durchs offene Fenster, doch die Stimme meiner Tochter fehlt. Und angesichts von Elenas Krankheit kann es sein, dass ihre Stimme nie mehr dabei sein wird.

Nachdem wir die Mädchen heute schlafen gelegt hatten, saßen Brooke und ich noch für eine Weile in Gedanken versunken auf der Treppe. Von oben hörten wir leise Elena und Gracie, die sich etwas zuflüsterten. Einen Moment später ertönte die Klingel, die wir für Notfälle an Elenas Bett angebracht hatten. Ich lief also hoch und steckte besorgt den Kopf ins Kinderzimmer. Elena jedoch teilte mir nur mit, dass sie zum Frühstück gern Toast hätte. Ich schloss die Tür und konnte die beiden kichern hören. Einige Sekunden später ertönte die Klingel aufs Neue. Ich ging ins Kinderzimmer und musste mich fragen lassen, ob ich auch Elenas Taschengeld zur Bank gebracht hatte. „Ja, habe ich", lautete meine Antwort. Kaum war ich draußen, klingelte es schon wieder. Ich blieb vor der Tür stehen und wartete. Nachdem die Klingel noch zweimal geläutet hatte, trat ich erneut ins Zimmer, und Gracie und Elena prusteten vor Lachen. Diesmal hatten sie kein falsches Anliegen, sondern wollten einfach nur Daddys dummes Gesicht sehen. Ich sprang sofort zu ihnen ins Bett und kitzelte sie fünf Minuten lang durch.

Eine halbe Stunde später ging das Spiel noch immer so weiter – nur dass sich die zwei jetzt jedes Mal, wenn ich die Tür öffnete, unter ihren Bettdecken versteckten. Das war wohl heute nichts mit frühem Schlafengehen!

146. Tag – 23. April

Kinder werden tatsächlich schneller erwachsen, als man denkt. Aber dass sich eine Sechsjährige wie ein Teenager aufführt, hatte ich nicht erwartet. Elenas Verhalten heute war die reinste Pubertät. Sie ignorierte die Erwachsenen, drängelte sich in der Cafeteria vor die anderen Kinder und wurde patzig, wenn man sie darauf ansprach. Als ihr Musiklehrer sie besuchen kam, schaute sie ihn kein einziges Mal an und sagte kein Wort. Wir baten um Entschuldigung und behaupteten, Elena schäme sich wegen ihrer brüchigen Stimme. Doch das entsprach nicht der Wahrheit, denn mit ihren Freunden redete Elena sehr wohl. Nachdem der Lehrer wie-

der gegangen war, nahmen wir Elena ins Gebet. Selbst eine schwere Krankheit ist kein Freifahrtschein für unhöfliches und unverschämtes Verhalten. Auch während des Gesprächs schaute Elena uns nicht an – doch zugehört hat sie.

Es mag absurd erscheinen, aber gerade diese Sturheit gibt mir wieder Hoffnung. Wie anders sollte man eine Krankheit besiegen, wenn nicht mit Sturheit? Gleichzeitig versuche ich, nicht zu optimistisch zu sein. Als Elternteil habe ich mir einen Schutzwall aufgebaut, indem ich mich auf die schlimmstmögliche Situation vorbereitet habe. Wenn ich Elena nun rebellieren sehe, sehe ich sofort auch ihre Zukunft. Ihren Schulabschluss, ihre Hochzeit, ihre Kinder. Doch dann trifft mich erneut die Erkenntnis, dass wir nur jeden Tag für sich leben können. Obwohl Hoffnung also unsere größte Antriebskraft ist, ist sie auch die Quelle unserer größten Qualen. Deshalb müssen wir immer aufs Neue versuchen, genau das richtige Maß Hoffnung zuzulassen, damit wir stark bleiben, aber nicht verzweifeln. Elena ist stark, viel stärker als ich jemals sein werde. Solange sie kämpfen kann, wird sie es tun. Wir kümmern uns derweil um ihre Manieren.

149. Tag – 26. April

Ich kenne all die wohlgemeinten Ratschläge: „Gott hat einen Plan, auch wenn du ihn nicht verstehst.", „Gottes Wege sind unergründlich.", „Gott prüft die, die er am meisten liebt." Unsere Freunde und Verwandten meinen es gut, wenn sie so etwas sagen, das weiß ich. Doch mittlerweile kann ich nicht anders, als diese Aussagen infrage zu stellen.

Ich habe mich nie an die Kirche, die Bibel oder ein Kreuz gewandt, wenn ich Rat oder Hilfe brauchte. Meinen Glauben an Gott, meine Religiosität fand ich stets in unserer Familie, in den Gesichtern unserer Kinder. Sie sind die wundervollsten Geschenke meines Lebens. Als Elena und Gracie geboren wurden, glaubte ich zu wissen, was meine Aufgabe, was Gottes Plan war. Heute stelle ich nicht nur meinen Glauben, sondern auch Gottes Plan infrage. Denn sehe ich Elena an, kann und will ich nicht verstehen, dass es einen Sinn haben soll, wenn ein derart junges, unschuldiges Leben verloren geht.

Nachdem ich die Mädchen heute ins Bett gebracht hatte, stand ich noch eine ganze Weile lang auf der Veranda und schaute in den Abendhimmel. Ich starrte auf den Horizont, doch ich konnte keine Antworten auf meine Fragen finden. Ich sah nur, dass sich ein Unwetter zusammenbraute. Wie passend! Auch über unserer Familie zieht drohend ein Sturm auf, und wir müssen dafür gewappnet sein. In zwei Tagen fahren wir wieder für unangenehme Untersuchungen nach Memphis. Ich fürchte, das wird schlimmer, als ich es ertragen kann.

152. Tag – 29. April

Brooke und ich streiten. Jetzt in diesem Moment sitzt sie in der Lobby unseres Hotels, zusammen mit Gracie, während ich in unserem Zimmer bei Elena geblieben bin. Es ist ein heftiger Streit. In Elenas Ohren mag es nur einer von vielen sein, da ihre Eltern in letzter Zeit häufig nicht einer Meinung sind, aber wir wissen es besser. Denn diesmal geht es um Elenas Leben. Brooke will fortfahren wie bisher. Sie glaubt noch immer nicht, dass es sich bei Elenas Tumorwachstum um einen Rückfall handelt, und behauptet, die Medikamente würden anschlagen. Ich bin anderer Meinung. Elena geht es von Tag zu Tag schlechter! Wir verschwenden unsere Zeit mit einer unwirksamen Behandlungsmethode und hätten längst reagieren müssen. Ich habe nur keine Ahnung, wie. Und offenbar weiß das auch sonst niemand. Aber es muss doch etwas anderes, Besseres geben! Die Ärzte beziehen nicht klar Stellung, dabei hängt das Leben meiner Tochter am seidenen Faden.

Der Streit ist unser schlimmster seit Langem. Wie jedes ande-re Paar auch haben wir regelmäßig Meinungsverschiedenheiten. Über Geld, über die Arbeit oder irgendwelche dummen Bemer-kungen. Meistens verraucht der Ärger nach ein paar Stunden, ei-ner gibt nach, oder wir vergessen, warum wir uns überhaupt ge-stritten haben. Doch dieses Mal ist alles anders. Dieses Mal geht es um Elena. Ich möchte eigentlich gar nicht recht behalten. Be-halte ich recht, bedeutet das, dass wir unsere Tochter bald verlie-ren. Dass sie nicht mehr Monate, sondern höchstens Wochen zu leben hat. Wie gern würde ich also Brookes Ansicht teilen! Doch ich kann die Symptome nicht einfach ignorieren! Die Lähmun-gen werden täglich schlimmer, jeden Morgen erwacht Elena und realisiert, dass sie krank ist. Ihr Lächeln verblasst, und ich weiß, sie fragt sich, welche Fähigkeiten sie über diese Nacht verloren hat. Ihr Augenlicht? Ihr Gehör? Ihre Reflexe? Sie ist alt genug, um zu begreifen, was mit ihr passiert, und ich liebe sie zu sehr, um die Augen länger zu verschließen. Sie wird sich nicht erholen!

Ich habe mit dem Arzt heute über andere Behandlungsmetho-den gesprochen. Erst nachdem ich mehrfach nachfragte, antwor-tete er zögerlich, es gäbe zwar eine alternative Chemotherapie, doch die würde er nicht empfehlen. Er sei nicht einmal sicher, ob man Elena in das Programm aufnehmen würde, angesichts ihres momentanen Zustands. Da stehen wir also, diskutieren über Ne-benwirkungen, während meine Tochter mit dem Tod kämpft. Was ist die Nebenwirkung von Tatenlosigkeit?

Natürlich hat Brooke nicht unrecht, wenn sie sagt, dass es kei-nen Sinn habe, wild herumzuexperimentieren, obwohl selbst die Ärzte keine sichere Behandlung vorschlagen können. Sie glaubt, wir sollten abwarten und hoffen, dass die Zeit eine neue Lösung mit sich bringt. Doch wir müssen etwas tun! Elena wird niemals aufgeben, und ich auch nicht!

Derweil ist Brooke noch immer unten in der Lobby, und ich bin hier oben bei Elena …

153. Tag – 30. April

Ich kann New York nicht ausstehen. Und Cleveland noch viel weniger. Nicht, dass ich etwas gegen die Städte per se hätte – ich war nie lange genug dort, um mir eine Meinung zu bilden. Aber ab dem heutigen Tag haben die Namen dieser Städte für mich eine andere Bedeutung.

Es ist nämlich so: Wenn wir mit den Ärzten und mittlerweile auch untereinander über Elenas Krankheit reden, horcht die Kleine sofort auf. Sobald Worte wie „CT", „Blutung" oder „Rückfall" erwähnt werden, zuckt sie zusammen. Und vor allem Letzteres fiel heute so einige Male. Denn die Ärzte sind sich nun endlich einig: Der Tumor ist tatsächlich gewachsen, Elena gilt jetzt offiziell als Rückfallpatientin. Daher ist die aktuelle Chemo nicht mehr wirksam. Eine neue Therapie muss her, und zwar schnell! Doch der Tumor weist inzwischen auch eine minimale Blutung auf. Medikamente, die noch einen Monat zuvor hätten helfen können, stehen nun nicht mehr zur Debatte.

Dank der Bemühungen der Ärzte werden wir eine neuartige Chemo ausprobieren, allerdings außerhalb einer klinischen Studie, und daher womöglich auch außerhalb des Versicherungsschutzes. Niemand weiß, ob diese Chemo anschlagen wird oder gegen Tumore wie den von Elena überhaupt Wirkung zeigen kann – doch andere Möglichkeiten haben wir nicht. Bei dieser Behandlung besteht ein sehr hohes Risiko für eine Blutung. Und da Elena uns zuhörte, sprachen wir von der Blutung als „Ausflug nach New York". Sie hatte also „gute Chancen für einen Ausflug nach New York", was hieß, dass wir die Risiken mit einkalkulieren müssen. Zu unserem Schrecken könnte dem „Ausflug nach New York" ein „Ausflug nach Cleveland" folgen, was nichts anderes bedeutet, als dass sie es nicht schafft.

Da, ich habe es schon wieder gesagt! Jede Faser meines Körpers schmerzt bei dem Gedanken an diese Metaphern, doch ich will so lange wie möglich von Elena fernhalten, wie ernst die Lage inzwischen ist. Auch wenn sie es wahrscheinlich längst selbst weiß. Inzwischen sitzt sie nämlich stets vollkommen regungslos in der Ecke, während Brooke und ich mit den Ärzten sprechen. Bis vor wenigen Tagen hat sie immer aufmerksam zugehört. Ich fürchte, sie versteht, was der „Ausflug nach Cleveland" wirklich bedeutet.

Heute brechen wir wieder nach Hause auf.

156. Tag – 3. Mai

Ich dachte immer, Elena sei alles andere als eine Künstlerin. Sie bevorzugt Zahlen und logische Zusammenhänge, trägt weder exzentrische Brillen noch schneidet sie sich Ohren ab. Und dennoch hängt ihr Werk nun im Kunstmuseum, direkt neben Picasso, Renoir und van Gogh. Es war Wunsch Nummer eins ihrer Liste, und das Lächeln, wenn auch verschleiert durch all die Medikamente und die zunehmenden Lähmungserscheinungen, war ein großes Geschenk.

Heute haben wir ihr Bild ins Museum gebracht, wo es richtig in Szene gesetzt wurde – während es bei uns zu Hause einfach nur an der Wand hing. Elena schaute sich in dem Raum um, in dem ihr Werk demnächst ausgestellt sein würde. Ich hatte vermutet, dass man ihr einen Platz irgendwo abseits, in einer dunklen Ecke zuweisen würde. Aber nein, ihr Bild „I Love You" bekam eine eigene große Wand, mitten im Museum! Und damit nicht genug. Das Personal hatte die Wand extra neu verputzen und streichen lassen!

Seit ihrer Diagnose hat das Malen in Elenas und auch in unserem Leben eine zentrale Rolle eingenommen. Wir heben jedes einzelne Bild für uns auf, jeden bekritzelten Zettel. Sie alle sind ein Beweis ihrer Liebe. Ihr Zimmer gleicht inzwischen eher einem Schrein, und früher sah sich Elena manchmal gezwungen, in Gracies Zimmer zu schlafen, weil sie durch die Berge von gebastelten Dingen und Bildern kaum ihr Bett erreichte.

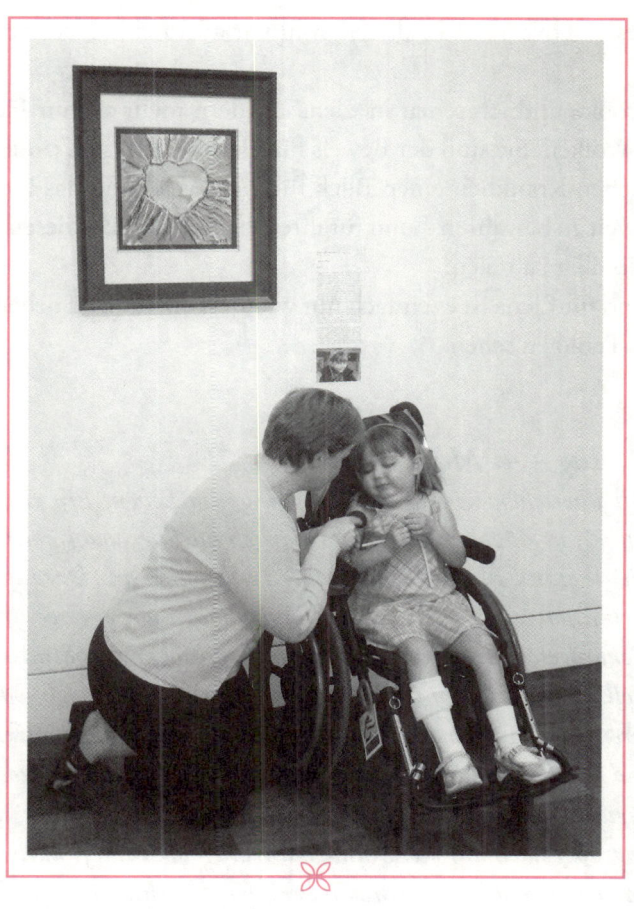

Wie sie zum Malen gekommen ist, weiß ich nicht. Brooke machte schon immer einen großen Bogen um das Kunstmuseum, und ich kann gerade eben eine Wand anstreichen. Trotzdem spricht Elena über van Gogh und Picasso, als seien es ihre Schulfreunde. Inzwischen stapeln sich Bücher über Kunstgeschichte in ihrem Regal, und jeder Ausflug ins Museum wird freudig gefeiert. Und ich finde es herrlich, dass es so ist, ganz gleich aus welchem Grund. Jetzt, da sie ihre Stimme nahezu völlig verloren hat und ihr das Schreiben immer schwerer fällt, sind diese Bilder Elenas Art und Weise, mit uns zu kommunizieren. Der Titel ihres

Bildes „I Love You" ist daher wohl vor allem eine Nachricht an uns.

Brooke und ich sehen in Elenas Bildern mehr als nur Herzen und Wolken. Sie sind der Beweis für Elenas Kraft, sich trotz einer tödlichen Krankheit einen Blick für die Farben und das Licht in der Welt zu bewahren – und für ihre Charakterstärke, diesen Blick bereitwillig zu teilen.

Und für Elena ist es einfach nur wundervoll, ihr Bild neben „ihrem" Pablo zu sehen.

157. Tag – 4. Mai

Oft übersehen wir die kleinen Dinge im Leben. Ein einfaches „Danke", so glücklich wie heute war ich darüber wohl noch nie.

Heute stand Elenas Schulausflug in den Zoo an. Darauf hatte sie sich schon lange gefreut. Am Morgen haben wir es geschafft, uns in Rekordgeschwindigkeit anzuziehen und sogar verhältnismäßig schnell zu frühstücken (in weniger als einer Stunde). Ich war mit unseren Taschen schon fast aus der Tür, als Elena wild gestikulierte und Zeichen benutzte, die ich noch nie zuvor gesehen hatte. Normalerweise bin ich recht gut darin, zu erraten, was meine Kleine meint, aber nach nur vier Stunden unruhigem Schlaf funktionierte mein Gehirn noch nicht einwandfrei. Nach mehreren vergeblichen Anläufen schnappte sie sich einen Stift und ein Blatt Papier und malte eine lange Schlange. Jetzt verstand ich endlich. Sie wollte ihre neue Plüschschlange mit in den Zoo nehmen, um sie ihren Freunden zu zeigen. Ich habe keine Ahnung, warum, aber meine kleine Elena, die pinkfarbene Kleider und glitzernde Schuhe liebt, hat sich beim letzten Besuch im Souvenirladen des Krankenhauses eine große, hässliche braune Plüschschlange ausgesucht. Vermutlich hoffte sie, mit der Schlange die anderen Kinder von ihrem Rollstuhl ablenken zu können. Tatsächlich gelang der Plan. Zudem waren die Kinder viel zu aufgeregt wegen des Ausflugs, sodass der Roll-

stuhl kaum Aufmerksamkeit erregte. Elenas Laune besserte sich
schlagartig.

Der restliche Tag verging wie im Fluge. Erst schauten wir uns
die Affen und Bären an, dann wollte Elena ins Reptilienhaus und
ihr Plüschtier den echten Schlangen zeigen. Der Gedanke daran
zauberte ein breites Grinsen auf ihr Gesicht. Hätte sie sprechen
können, hätte sie mir sicher ausführlich erzählt, wie lustig sie die
Situation fand. Wir gingen in einer kleinen Gruppe mit vier an-
deren Mädchen dorthin, die sich einfach großartig verhielten. Ab-
wechselnd schoben sie den Rollstuhl, ergriffen Elenas Hand und lie-
fen neben ihr her. Kinder können anderen Kindern so viel besser
das Gefühl geben, normal zu sein, als wir Erwachsenen.

Nach dem Mittagessen lud ich Elena und ihre Freundinnen noch
zu einer Karussellfahrt ein, dann machten wir uns auf den Heim-
weg.

Im Auto versuchte Elena, mir etwas zu sagen. Normalerweise
kann ich gut Lippenlesen, allerdings nicht, wenn ich hinter dem
Steuer sitze. An der nächsten roten Ampel drehte ich mich also um
und sah, wie Elena das Zeichen für „Danke" machte. Ich schmolz
innerlich dahin. Trotz all der Tabletten, Therapien und ihrer Be-
einträchtigungen war sie heute einfach nur glücklich. Ich strahlte
vor Freude.

159. Tag – 6. Mai

Obwohl man mich nur als „Elenas Dad" kennt, würde ich mich
nie darüber beschweren. Seit ihr Bild im Museum enthüllt wurde und ihre Geschichte auf der ersten Seite der Zeitung erschie-
nen ist, ist Elena fast ein kleiner Star, die Heldin der Stadt. Was
kann ich mir also mehr wünschen, als „Elenas und Gracies Dad"
zu sein?

Langsam, aber sicher stellt sich eine Besserung ein. Zwar sind
Elenas Arme und Hände noch schwach und kraftlos, doch sie hat

wieder Appetit, und auch ihre Stimme kehrt zurück. Dennoch übt sie oft stundenlang von sich aus die Gebärdensprache. Jeden Tag bringt sie uns zwei bis drei neue Zeichen bei. Das ist jetzt ihre Stimme, und ich fürchte, Elena wird sie so schnell nicht aufgeben.

Als ich meine Kleine heute ins Bett gebracht habe, versuchte ich, mir den Klang ihrer Worte ins Gedächtnis zu rufen. Eine Erinnerung, die auch eine Kamera nicht festhalten kann. Das Lächeln, das Gesicht, die Gesten – aber die Stimme wird bald vergessen sein. Es ist schon merkwürdig, wie schnell uns etwas der-art Wichtiges entfällt. Sechs Jahre lang hat mich ihre Stimme abends begrüßt, wenn ich von der Arbeit kam, mich aufgefordert, die Schaukel schneller anzuschubsen, und mir Gute Nacht gesagt. Und nun kann ich mich nicht mehr daran erinnern, wie sie klingt.

161. Tag – 8. Mai

Jeden Abend, wenn ich Elenas Schultasche ausräume, finde ich in ihren Heften mindestens zwei bis drei Bildchen oder Zettel, auf denen „I love you Mom Dad Gracie" steht. Seit sie Tag für Tag ab-hängiger von uns wird und wir ihr selbst bei den kleinsten Bewe-gungen helfen müssen, zeigt sie uns immer mehr ihre Liebe und ih-re Dankbarkeit. Jedes Mal, wenn wir sie hochnehmen, um sie auf die Toilette zu tragen, lächelt sie entschuldigend. Jedes Mal, wenn sie nach einem Spielzeug oder etwas zu Essen verlangt, macht sie das Zeichen für „Ich liebe dich". Und wenn ich sie zur Schule brin-ge, bekomme ich schier unendlich viele Küsse dafür.

Elena war früher ein sehr unabhängiges Kind. Die Tatsache, dass sie nun derart stark auf Unterstützung angewiesen ist, ist ihr of-fensichtlich schmerzlich bewusst. Und obwohl es ihr wehtut, dass sie nur noch wenig Kontrolle über ihr Leben hat, lässt sie sich nicht in ein dunkles Loch fallen, sondern zeigt uns tagtäglich, wie sehr sie unsere Hilfe schätzt und wie sehr sie uns liebt. Diese Einstel-lung zum Leben ist ein Charakterzug, für den ich meine Kleine in höchstem Maße bewundere.

Gerade heute saß ich mit Keith im Wohnzimmer, und wir un-terhielten uns über Elenas Arzttermine. Elena saß hinter ihrem Va-ter, lächelte mich breit an und bedeutete mir „Ich liebe dich". Ich lächelte zurück. Keith sah erst mich an, dann Elena, und fragte sich vermutlich, worüber seine zwei Frauen da wieder einmal schmunzelten. Und Elena grinste ihn einfach an, verdrehte die Au-gen und freute sich maßlos, Daddy ein wenig aufzuziehen.

163. Tag – 10. Mai

Elena ist eine richtige Schriftstellerin geworden. Sie verfasst zurzeit ungefähr zwei Bücher täglich, und dürfte damit Joanne K. Rowling bald überholt haben. Trotzdem ist Elenas Lehrerin noch nicht ganz zufrieden. Sie ist der Meinung, unsere Tochter sollte weniger Berichte und mehr Geschichten schreiben. Scheint, als müsse man heutzutage einen Abschluss in Literaturwissenschaft haben, um die Grundschule zu bestehen. Zu meiner Zeit haben wir in der ersten Klasse gemalt und Knete gegessen. Vielleicht ist aber auch all die Knete der Grund, weshalb ich nie ein Buch geschrieben habe.

Elena ließ sich davon allerdings nicht beirren und begann heute Morgen beim Frühstück sofort ihr nächstes Buch. Der Titel: „Wie man ein gutes Schulkind wird", und gedacht ist es für ihre Schwester. Gracie wird im nächsten Jahr eingeschult, und so hat Elena entschieden, ihr Wissen an unsere Jüngste weiterzugeben. Das neue Buch unter dem Arm, hat sie sich dann auch gleich mit Gracie hingesetzt und ihr jedes einzelne Kapitel erklärt.

Erst einmal ging es um den Stuhlkreis. So beginnt nämlich jeder Tag in der Grundschule: Alle sitzen im Kreis, und jeder erzählt ein Erlebnis des vergangenen Tages. Die anderen müssen dabei leise sein und zuhören. Als kleine Hilfe hatte Elena einen Kreis auf die Seite gemalt und Gracies Sitzplatz in der Runde markiert. Die zweite Seite beinhaltet einen Lageplan der Schule. Er zeigt den Flur, das Klassenzimmer und den Pausenhof. Alle Bereiche sind durch Linien miteinander verbunden. Die dritte Seite des Buches ist leer. Wahrscheinlich hat Elena sie übersehen, oder sie will später noch etwas hinzufügen. Seite vier ist mit einem großen Stundenplan versehen. Daran verdeutlichte Elena, dass Grundschüler nicht nur malen und spielen, sondern auch in Sport, Musik und im Lesen unterrichtet werden. Auf Seite fünf fand sich ein nützlicher Hinweis: „Ruig sain in der Kafitiria" (oder auch „Ruhig sein in der Cafeteria"). Die Lehrer werden sich über diesen Rat sicher besonders freuen. Auch wenn sie es bestimmt nicht nur in der Cafeteria gern ruhiger hätten.

Seite sechs befasst sich mit dem wichtigsten Ereignis der Grundschule: dem „Razzle-Dazzle"-Tag. Ganze fünfzehn Minuten strengte Elena ihre brüchige Stimme an, um zu erklären, was es damit auf sich hat. Am Razzle-Dazzle-Tag ist man sozusagen der König oder die Königin der Klasse. Man hat viel Verantwortung und noch mehr Privilegien. Man ist Erster beim Anstellen, legt geheime Codewörter fest und darf bestimmen, was in der Pause gespielt wird. Es ist etwas ganz Besonderes, denn man ist nur alle einundzwanzig Tage an der Reihe (es sind nämlich einundzwanzig Kinder in der Klasse). Elenas Lektion für Gracie war einfach: Es gibt nichts Schöneres als den Razzle-Dazzle-Tag. Vielleicht wird sogar ein Lied für dich geschrieben …

> Ihr Name ist Elena.
> Sie strahlt wie die Sonne.
> Ihr Razzle Dazzle wird die reinste Wonne.
> Razzle Dazzle strahle und scheine,
> Razzle Dazzle strahle und scheine.

Und eins kann man mir glauben: Wenn das passieren sollte, kennt man dieses Lied in und auswendig! Elena hat es ununterbrochen gesungen.

Auf Seite sieben hatte Elena ein Bild von Gracie und all den Freunden gemalt, die sie in der Grundschule kennenlernen würde. Seite acht ist ebenfalls leer. Dann ging es darum, wie man die Uhr und den Kalender liest. Das sei vor allem für die Razzle-Dazzle-Tage wichtig, erläuterte Elena und deutete auf ein aufschlussreiches, hochkomplexes Bild, das sich auch über Seite zehn erstreckt. Der Rat auf Seite elf lautet einfach nur: „Lächeln, Gra-

cie". Seite zwölf enthielt eine Aufzählung von Elenas Lieblings-
beschäftigungen in der Schule: schreiben, lesen, puzzeln und Ma-
the lernen. Auf Seite dreizehn folgt eine kleine Widmung: „Fil
Spas in der Schulle." Seite vierzehn enthält einen weiteren guten
Ratschlag: „Sai net zur Lerarin." Ich bin überzeugt, wenn sich unsere Jüngste daran hält, werden die Lehrer Gracie ebenso lieben
wie Elena. Auf den Seiten fünfzehn und sechzehn sind einige Vor-
züge der Schule aufgelistet: Bücher, Ausflüge und Besuche von in-
teressanten Leuten.

Die folgenden Seiten fassten Elenas Erfahrungen zusammen:
„Hab Spas in der Schulle" und „Schulle ist schön". Als Elena ihren Vortrag gerade beendet hatte, war Gracie bereits dabei, ihren
Schulrucksack zu packen. Elena liebt die Grundschule. Für sie ist
es ein Ort der Freude. Sie wollte schon immer Lehrerin werden,
und jetzt hat sie ihre erste Schülerin. Zum Glück geht Gracie ganz
in dieser Rolle auf.

165. Tag – 12. Mai

Zum Muttertag schenkten wir Brooke Tomaten. Nun ja, eher Tomatensetzlinge. Gemeinsam wateten wir also im Regen durch den matschigen Garten, wischten uns mit verschmierten Händen den Schweiß aus den verschmierten Gesichtern und suchten nach einem geeigneten Platz für die Pflanzen. Ein Heidenspaß!

Anfangs war mir nicht klar, warum sich Brooke ausgerechnet Tomaten gewünscht hatte. Von allen Gemüsesorten mochte sie die immer am wenigsten. Erst später begriff ich: Sie hatte sie sich für die Mädchen gewünscht. Im Sommer gibt es für Elena und Gracie nämlich nichts Schöneres, als die Tomaten im Beet meiner Mutter zu ernten und direkt vor Ort aufzuessen. Manchmal setzten sich die beiden sogar auf die Veranda und starrten wie versessen auf die Ranken, als könnten sie mit ihren Blicken das Wachstum beschleunigen. Das half natürlich nichts, also aßen unsere Kleinen ab und zu einfach die unreifen, grünen Früchte. Gracie selbstverständlich öfter als Elena, sie war noch nie sehr geduldig.

An dem Tag also, an dem die Mütter geehrt und gefeiert werden sollen, denkt Brooke nur an ihre Töchter. Sie wünschte sich keinen Wellness-Tag, kein Parfüm und keinen Schmuck, sondern das eine Gemüse, das sie nicht ausstehen kann – damit Elena und Gracie fröhlich sind. In diesem Moment ging mir auf, wie glücklich wir sein müssen. Glücklich, weil wir einander haben. Nicht nur, dass Brooke an die Mädchen denkt, sie tut auch ihrem Mann einen Gefallen, von dem sie weiß, dass er nie das passende Geschenk findet. Wir sind einfach glücklich. Ohne Karte, ohne Frühstück im Bett, nur mit Tomaten.

166. Tag – 13. Mai

Den Eiffelturm zu sehen, war einer der Wünsche auf Elenas Liste, die wir zusammen vor 166 Tagen angefertigt haben. 166 Tage, das sind genau 31 mehr, als Elena prophezeit wurden. Und ich bin noch immer fest entschlossen, jeden einzelnen ihrer Wünsche zu erfüllen.

Heute war also der Eiffelturm an der Reihe. Natürlich nicht der in Paris, sondern der nachgebaute im Freizeitpark unserer Stadt. Die letzten sechs Jahre sind wir immer wieder daran vorbeigefahren, und jedes Mal hat Elena uns gefragt, welchen Ausblick man von da oben wohl haben mag. Heute endlich, an einem Tag mit klarem blauen Himmel und angenehmen Frühlingstemperaturen, sind wir zu einem Ausflug in den Freizeitpark aufgebrochen. Dazu kam, dass die Verwaltung des Parks von Elenas Geschichte gehört hatte und uns alle zu dem Besuch einlud.

Nachdem wir zuerst eine Stunde lang umhergeschlendert waren und Gracie ein paar heiß ersehnte Karussellfahrten hinter sich gebracht hatte, bestiegen wir endlich den gläsernen Aufzug des knapp hundert Meter hohen Turms. Seit dem Ausbruch der Krankheit leidet Elena zunehmend an Höhenangst, weshalb sie sich auf der Aussichtsplattform leider kaum an das Geländer traute. Zwar schränkte das ihre Sicht auf die Umgebung etwas ein, doch ganz offensichtlich hatte sie trotzdem Freude an dem Ausflug.

Für Brooke und mich versinnbildlichte dieser Moment, dass wir die magische 135-Tage-Grenze überschritten hatten. Elena ihrerseits suchte nur unentwegt nach dem Haus ihrer Lehrerin, die anscheinend behauptet hatte, man könne von dem Turm aus ihren Garten mit den zwei Hunden sehen. Die beiden Hunde haben wir nicht entdeckt, aber zumindest haben wir einige schöne Fotos geschossen, ehe wir den Aufzug nach unten bestiegen.

Nachdem es Elena in den letzten Tagen stetig besser ging, bemerkte ich heute, dass sich einige Symptome wieder verstärken. Sie kann ihre Finger nur noch langsam bewegen, das rechte Bein ist steif, ihre Stimme wird undeutlicher und sie röchelt beim Atmen. Ich versuche, mir einzureden, meine Kleine hätte Allergien oder einen Schnupfen, versuche, dem Wetter die Schuld zu

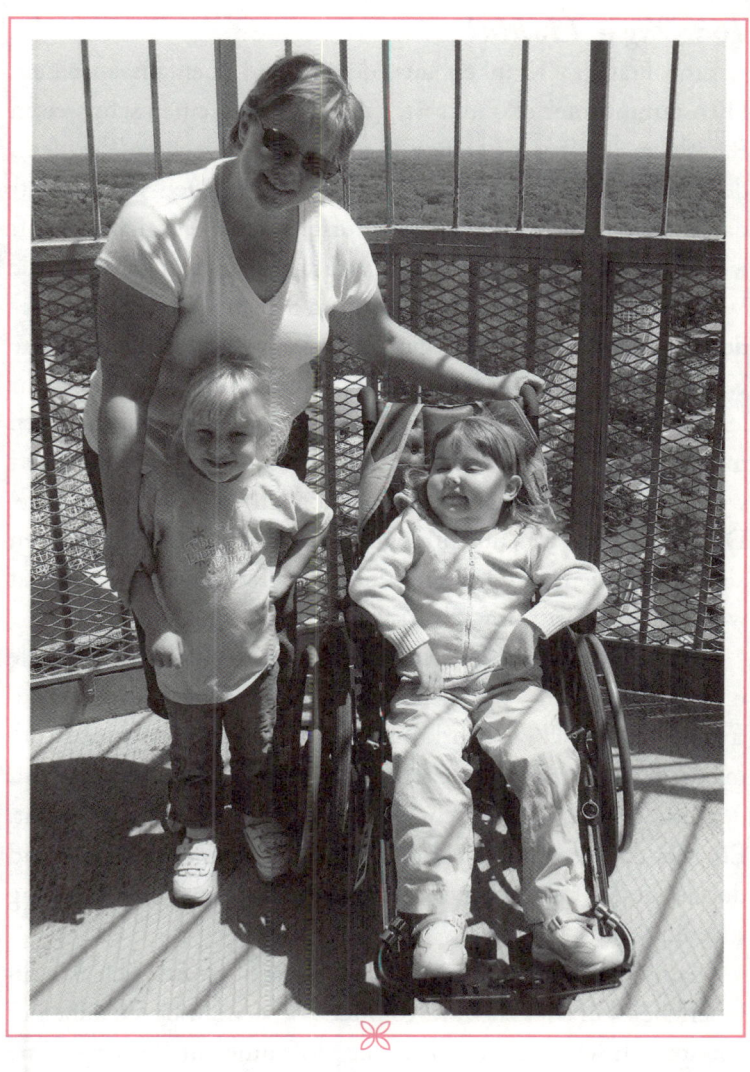

geben – alles, nur nicht, dass sich Elenas Zustand erneut verschlechtert. Nach den vielen positiven Entwicklungen der letzten Tage will niemand von uns eingestehen, dass die Symptome Auswirkungen des Tumors sind. Morgen werden wir mehr wissen. Trotzdem, heute war ein herrlicher Tag, und daran wollen wir uns erinnern.

168. Tag – 15. Mai

Eine Frau im Krankenhaus, deren Kind ebenfalls an einem Hirnstammtumor erkrankt ist, gab mir einmal einen sehr weisen Ratschlag: „Halten Sie keinen Tag für einen schlechten Tag, denn der heutige kann besser sein als der nächste. Danken Sie also Gott dafür, dass sie diesen Tag erleben dürfen." Ich weiß nicht, wie oft ich an diesen Satz schon gedacht habe. Er bringt mich durch die Wochen, bringt mich dazu, Schritt um Schritt weiterzugehen. Jeden Tag glauben wir, dass wir unser Bestes geben. Dass unsere Kräfte bis an ihr Limit beansprucht wurden und wir nicht mehr leisten können. Dass die Probleme und Sorgen, die wir erdulden mussten, größer waren als alles, mit dem wir jemals konfrontiert wurden. Dass jede Steigerung, unmöglich zu bewältigen wäre. Doch das, was wir heute unmöglich nennen, würden wir morgen als inkonsequent bezeichnen. Und deshalb trägt man seine Last weiter, geht Schritt um Schritt vorwärts.

Akzeptiert man diesen Umstand jedoch, ist das Leben Freude und Qual zugleich – vor allem mit einem Kind wie Elena. Das betrachte ich als Überlebenskunst. Ein Überlebenskünstler ist jemand, der immer an das Licht denkt, wenn er einen Schatten sieht, der nie zweifelt, keine Furcht empfindet, sondern nur Zuversicht. Ein Mensch, der daran glaubt, dass er etwas verändern kann – und durch diesen Glauben wiederum anderen Trost und Hoffung schenkt.

Manchmal frage ich mich, ob es tatsächlich möglich ist, ein Überlebenskünstler zu sein. Könnten wir vier etwa auch auf einer einsamen Insel durchhalten? Ohne Hoffnung auf Rettung, ohne Essen, ohne Unterkunft, ohne Gesellschaft? Doch Überlebenskünstler müssen mehr können, als Lösungen zu finden. Sie müssen schwierige Situationen auch verarbeiten können. Ich habe keinen Zweifel daran, dass Elena diese Fähigkeit besitzt. Selbst in ihren dunkelsten Stunden, wenn keiner von uns mehr Kraft zu haben glaubt, kümmert sie sich noch um ihre Schwester – hilft

Gracie dabei, sich anzuziehen und sich für den Kindergarten fertig zu machen. Für sie bedeutet, ein Überlebenskünstler zu sein, in erster Linie, menschlich zu sein.

Wenn ich sie manchmal beobachte, wie sie kaum genug Kraft hat, Wasser durch einen Strohhalm zu trinken, weiß ich nicht, wie lange ich diesen Anblick noch ertrage. Wäre es nicht besser, wenn sie aufhören würde, derart gegen ihre Krankheit anzukämpfen? Sich zurücklehnen würde, anstatt sich anzustrengen, ungeachtet der Folgen? Doch unser Leben dreht sich nun mal darum, sich anzustrengen, darum, mit Leidenschaft zu handeln. Trotzdem bedrückt es mich, dass ich Elena ihren Kampf nicht abnehmen kann. Es bleibt Elena, die kämpfen muss, sie ist die wahre Überlebenskünstlerin. Und Brooke, Gracie und ich sind dafür da, sie täglich dabei zu unterstützen.

170. Tag – 17. Mai

Die Ärzte sagen, wir sollen in den ersten Tagen der neuen Chemo nicht zu viel erwarten. Nebenwirkungen wie Durchfall, Übelkeit und Müdigkeit können auftreten. Wahrscheinlich wird Elena gereizt sein, was sie vor allem den Ärzten gegenüber bereits war. Deshalb wollte ich sie heute ausschlafen lassen. Aber um halb acht musste ich einfach ihr Gesicht sehen und schlich in ihr Zimmer. Dort lag sie wach in ihrem Bett und starrte an die Decke. Ich hielt den Atem an. Doch dann geschah etwas Wunderbares: Anstatt zu stöhnen und sich zu beklagen, drehte sie nur den Kopf zu mir und lächelte mich breit an. Ich hatte das Gefühl, mein Herz würde vor Freude zerspringen.

173. Tag – 20. Mai

Meine Erschöpfung hat eine neue Dimension erreicht. Ja, ich war oft müde in den letzten Monaten, aber nun fühle ich mich völlig ausgebrannt. Wenn ich morgens wach werde, bin ich zu matt, als dass ich wieder einschlafen könnte. Seit Monaten habe ich nicht geträumt. Ich ziehe mich an und merke erst, wenn ich in den Spiegel schaue, dass ich zwei verschiedene Schuhe trage. Fahre ich durch die Stadt, vergesse ich, wo ich hin will. Ich kann nicht essen, obwohl ich Hunger habe, oder aber ich esse, auch wenn ich längst satt bin. Den ganzen Tag über schreibe ich mir Zettel, damit mir nichts entfällt, nur um dann die Zettel zu verlieren. Manchmal vergesse ich sogar die Namen von Menschen, die ich schon seit Jahren kenne. In meinem Kopf ist momentan nur für eine Person Platz: Elena.

Ob es Elena ähnlich geht? Ich sehe, dass auch sie äußerst müde ist. Die Chemo nimmt sie sehr mit, selbst tagsüber muss sie sich immer wieder hinlegen und schlafen. Aber ich glaube, heute habe ich zum ersten Mal echte Erschöpfung in ihren Augen erblickt. Sie hatte ihr ganzes Gesichtchen in Falten gelegt. Ihr Fuß lag steif auf dem Trittbrett des Rollstuhls, obwohl sie ihn heute in der Physiotherapie noch bewegen konnte. Ihre Hand hing leblos herab, obgleich sie wenige Stunden zuvor noch einen Stift gehalten hatte. Ich musste beobachten, wie meine Kleine einfach aufgab und sich auf die Couch legte, um zu schlafen.

Wenn Elena zu sprechen beginnt, halten wir jedes Mal den Atem an. Jedes Mal aufs Neue hoffen wir, dass sie nicht die eine Frage stellt, damit wir sie nicht anlügen müssen. Heute sagte sie, sie freue sich darüber, dass ihr Bild im Museum hängt. Erleichtert atmete ich auf. Und dennoch – unser aller Erschöpfung wird immer deutlicher. Und es wird nicht besser werden.

174. Tag – 21. Mai

Wir probieren es mit kleinen Schritten. Genauer gesagt, mit krabbeln. Fünf Jahre zuvor hatte Elena so schon einmal laufen gelernt, deshalb versuchen wir es jetzt wieder auf diese Weise. Wir setzen sie auf den Boden und lassen sie die Wege im Haus selbst bewältigen. Den Rollstuhl nutzen wir nur draußen. Aber wenn man fast zwei Monate lang daran gefesselt war, wird auch die kürzeste Strecke zur Herausforderung. Elena braucht fast zehn Minuten, um fünf Meter zu krabbeln. Die Frustration ist ihr anzusehen. Doch am Ende eines jeden Tages geht es immer ein wenig besser – und sie hat erkannt, dass alles viel einfacher ist, wenn man aufhört zu weinen.

Aber diese kleinen Dramen bedeuten keinesfalls, dass wir uns nicht mehr amüsieren. Gestern zum Beispiel hat Elena mit Brooke gewettet, dass nicht einmal Earl, das kleine Eichhörnchen in unserem Garten, ihre Tabletten essen würde. Brooke hat eingeschlagen und fünf Dollar Einsatz auf den Tisch geblättert. Die Tabletten, die die beiden auf die Fensterbank gelegt haben, sind noch immer da. Sieht so aus, als hätte Mom verloren.

176. Tag – 23. Mai

Elena liebt es, mit uns im Garten zu picknicken. Dann gibt es Sandwiches mit Erdnussbutter und Marmelade, Kekse und Milchshakes. Manchmal auch Erdbeeren. Im Gras zu sitzen und die frische Luft zu spüren, ist eine willkommene Abwechslung vom öden Wohnzimmer. So beginnt ab sofort jeder Mittwoch mit Dad.

Manchmal können wir hören, wie Vögel über uns ihre Nester bauen, manchmal verstehen wir kaum unser eigenes Wort, weil die Handwerker in unserem Haus derart viel Lärm machen. Wieder eine neue Ablenkung, die wir eigentlich nicht brauchen. Doch die Umbauarbeiten sind nötig, damit das behindertengerechte Bad für Elena installiert werden kann. Außerdem muss ihr Kinderzimmer angepasst werden.

Beim Essen frage ich meine Kleine, in welcher Farbe sie ihr Zimmer gestrichen haben möchte. Aber sie zuckt nur mit den Schultern. Vielleicht in Rosa, schlage ich vor, doch sie schaut mich nicht an. Eine Weile lang sitzen wir schweigend beieinander, und ich frage mich, ob sie wohl mehr weiß, als wir ahnen. Die Renovierung wird im Oktober abgeschlossen sein, angesichts von Elenas Zustand geben ihr die Ärzte allerdings noch höchstens bis Juli. Inzwischen ist der Mai fast vorüber. Ich bezweifle, dass Elena jemals in ihr neues Zimmer einziehen wird.

Ich versuche, das Thema zu wechseln, doch alles, was ich sage, scheint mit der Zukunft zu tun zu haben. „Freust du dich auf die Schule?" oder „Was wünscht du dir zum Geburtstag?" ... All diese Fragen wirken fast zynisch.

Wir kaufen unserer Kleinen Präsente und planen Urlaube, das Einzige, das wir ihr nicht schenken können, ist die Hoffnung auf eine Heilung. Und ich glaube, Elena weiß das auch. Sie malt immer wieder Bilder, auf denen „I love you Mom Dad Gracie" steht, als würde sie sich von uns verabschieden.

Nach dem Essen liegen wir zusammen im Gras und schauen in die Wolken, Elenas bettet den Kopf auf meinen Arm.

Ich liebe dich auch, Elena!

178. Tag – 25. Mai

Krebs und jede andere schwere Krankheit verändert Kinder. Abgesehen von den gesundheitlichen Beeinträchtigungen hinterlässt ein solcher Zustand auch Spuren in der Seele. Bei Elena habe ich das längst bemerkt. Ich fürchte, sie wird nie mehr das unbeschwerte, fröhliche Kind wie früher sein. Ob sich das je noch einmal ändert? Wenn ich mir diese Frage stelle, gehe ich allerdings davon aus, dass Elena wieder gesund wird. Und dann ist der Verlust der Kindheit vermutlich ein sehr geringer Preis. Doch während sich unsere Kleine gerade zum dritten Mal von einer schweren Chemo erholt, frage ich mich bereits, wann es wieder abwärts geht.

Als ich ihr heute die Haare gewaschen und den Schlafanzug anzogen habe, suchte ich nach dem Mädchen, das sie früher einmal war. Doch ihre Augen sind nur leer. Kein Wunder, nachdem man sie mit Nadeln malträtiert, mit Medikamenten vollgestopft und mit radioaktiven Strahlen beschossen hat. Der Krebs frisst die Seele auf, und weder Blumen, Süßigkeiten noch Geschenke können sie zurückbringen.

Als Eltern fragen wir uns täglich, wie weit wir Elena dahin drängen können, die Krankheit zu besiegen. Wann ist der Zeitpunkt gekommen, aufzugeben? Ist diese Art des Überlebens schlimmer als der Tod? Doch noch ist das Überleben unser einziges Ziel, und ich bete, dass ich mich nie für eine andere Option entscheiden muss.

181. Tag – 28. Mai

In meiner Familie kann einem keine größere Ehre zuteil werden, als dass ein Bild von sich an der Badezimmertür meines Großvaters aufgehängt wird. Weltmeistertitel, Nobelpreise und eine Heiligsprechung sind nichts dagegen. Warum gerade die Badezimmertür und nicht die Vitrine im Wohnzimmer oder die Wand in der Küche? Das weiß keiner so genau, aber eins steht fest: Wer es an die Badezimmertür geschafft hat, gilt in der Familie als wahrer Held. Dort findet sich ein Foto von meiner Großtante, auf dem sie an einem Benefizmarathon für Brustkrebspatienten teilnimmt, ein Artikel über eine Cousine, die zur Lehrerin des Jahres ernannt worden war, und ein Zeitungsausschnitt, der meine Schwester zeigt, wie sie den Schweif ihres Pferdes vor einem Turnier bürstet. Als Kind habe ich mir nichts sehnlicher gewünscht, als mich ebenfalls dort zu sehen. Dieser Platz bedeutet, dass man die gesamte Familie berührt und beeinflusst hat, dass alle anderen stolz auf einen sind.

Heute Abend erhielt ich einen Anruf von meinem Großvater. Er informierte mich, dass auch Elena nun ihren rechtmäßigen Platz an der Tür gefunden hatte. Zwar mag das nicht so großartig erscheinen wie ein Platz neben Picasso und van Gogh im Museum, doch für Elena gibt es nichts Großartigeres, weil diese Anerkennung von ihrer Familie kommt.

Am 1. Juni wird Elena eine weitere Ehrung erhalten. Dann wird sie vom Bürgermeister eine Auszeichnung bekommen, und der 1. Juni wird bei uns offiziell zum Elena-Desserich-Tag erklärt werden, für ihre Verdienste und ihren Einfluss auf die Bürger der Stadt. Nie hätte ich gedacht, dass meine Tochter eine ganze Stadt beeinflussen würde! Doch auch ohne diese Zeremonien wissen wir, dass wir zwei ganz besondere Kinder haben.

Ich bin mir sicher, wenn Elena am Freitag diese Ehrung entgegennimmt, wird sie sehr beeindruckt sein – und vielleicht sogar ein bisschen lächeln. Ob Elena die Urkunde und die blaue Schärpe allerdings mehr bedeuten als ihr Bild an der Badezimmertür, wage ich zu bezweifeln.

182. Tag – 29. Mai

Eigentlich benötigt Gracie uns augenblicklich mehr denn je. Aber anstatt mit ihr im Garten zu spielen und sie auf der Schaukel anzuschubsen, sitzen wir im Haus bei Elena. Das Wetter ist herrlich, und wir sollten mit beiden Mädchen draußen sein. Doch Elena ist nicht einmal kräftig genug, um zu essen, geschweige denn, um zu schaukeln. Also sitzen wir am Fenster und sehen Gracie zu, wie sie allein draußen spielt.

Immer öfter habe ich das Gefühl, zwischen meinen Kindern wählen zu müssen, und meist entscheide ich mich für Elena. Die ihr verbleibenden Tage zerrinnen uns zwischen den Fingern. Und auch wenn wir selten darüber sprechen, dass das Unausweichliche näher rückt, sind wir uns doch einig, dass wir unserer Kleinen genau für diese wenigen Tage allen Mut und alle Liebe geben wollen, die wir haben. Aber dadurch wird Gracie vernachlässigt. Sie verliert bald ihre Schwester, und nun auch Mutter und Vater. Brooke und ich versuchen, uns auf beide Kinder zu konzentrieren, wissen aber schweren Herzens, dass wir jede Minute, die wir mit Gracie verbringen, eigentlich bei Elena sein wollen. Wir wählen zwischen verlorener Zeit und gewonnenen Erinnerungen.

Natürlich ist Gracie nicht weniger wichtig als Elena. Aber wenn ein ganzes Leben in sechs kurze Jahre gepresst wird, wirkt jede Sekunde wie ein ganzer Tag. Gracie wird auch morgen noch da sein – das zumindest sagen wir uns. Trotzdem ist es unglaublich schwer, zwischen seinen eigenen Kindern zu wählen. Ich hoffe, Gracie wird das verstehen.

Heute ist sich unsere Jüngste auf der Schaukel allein überlassen, während wir mit Elena auf der Couch kuscheln – und ich fürchte, das wird nicht das letzte Mal sein.

184. Tag – 31. Mai

Jetzt, so kurz vor den Sommerferien, während alle anderen Eltern bevorstehende Urlaube und Ferienlager planen, denke ich nur an die Vergangenheit und bin sentimental. Heute hat Elena in der Schule ihr erstes Jahrbuch bekommen. Sie ist auf zahlreichen Seiten erwähnt und abgebildet, auf den meisten Fotos lächelt sie breit in die Kamera. Eine echte Herzensbrecherin. Auf einer Seite entdeckte ich ein Bild von Thanksgiving, das Elena in ihrem Indianerkostüm zeigt. Das waren die letzten unbeschwerten Tage, die letzten Tage, ehe die endlosen Untersuchungen und Qualen und Therapien begannen. Mit ihrer bereits recht rauen Stimme hatte sie mir stolz erzählt, warum sie sich für das Indianer- und gegen das Pilgerkostüm entschieden hatte. Mir war damals aufgefallen, dass mir ihre Neugierde fehlt, ihre Freude am Lernen. Ich bin sicher, sie freut sich noch immer jeden Tag auf die Schule, auch wenn sie es nicht mehr recht zeigen kann.

So sitze ich einfach da und starre Elenas Fotos an. Wie schön und kindlich sie darauf aussieht! Ich hätte es nie für möglich gehalten, dass der Krebs ein Kind in fünf Monaten um Jahre altern lassen kann. Wenn ich sie jetzt betrachte, sehe ich müde, traurige Augen, in denen zu viele schreckliche Erfahrungen für ein derart junges Leben liegen. Ihr Strahlen und ihr Funkeln sind verloschen. Elena weiß mehr über die Welt und das Leben als jedes andere dieser Kinder – sowohl Gutes wie auch Schlechtes.

185. Tag – 1. Juni

Sie hat tatsächlich ihr eigenes Schild bekommen! Als Gracie und ich auf dem Rückweg vom Kindergarten an der Stadthalle vorbeifuhren, waren wir völlig überrascht. Dort, für alle sichtbar, stand eine große Tafel, die den heutigen „Elena-Desserich-Tag" ankündigte. Die Stadt nimmt ihre Ehrung anscheinend ganz schön ernst.

Der Tag fing dank Gracie bereits um vier Uhr in der Früh an. Den „Lena-Tag", wie sie es nannte, fand sie nicht weniger aufregend als Weihnachten. Auch wenn sie wahrscheinlich einen Baum

und Geschenke vermisst hat, sprang sie doch fröhlich aus ihrem und hinein in Elenas Bett, wo sie sich dicht an ihre Schwester kuschelte und ihr einen frohen Lena-Tag wünschte. Elena grummelte nur, aber Gracie ließ sich nicht beirren. Sie verteilte weiter Streicheleinheiten und Küsse und bot sogar ihr Schnuffeltuch an (ein glänzender Kissenbezug, ohne den Gracie nicht schlafen geht). Bei derart viel schwesterlicher Liebe machte es mir kaum etwas aus, früh aufzustehen.

Die offizielle Zeremonie war für sechs Uhr am Abend festgelegt, und so fanden wir uns nach einem langen Tag in der Stadthalle ein. Dort wurde Elenas Bild offiziell der Stadt übergeben und unsere Kleine vor allen Anwesenden für ihren Mut, ihre Tapferkeit und ihre Inspiration geehrt. Die vielen großen Worte und geschwollenen Sätze des Bürgermeisters machten die Rede zu einer wahren Proklamation.

Nun neigt sich der erste Elena-Desserich-Tag langsam dem Ende zu. Die Ehrungsplakette hängt nun nicht nur in der Stadthalle, sondern auch in Elenas Kinderzimmer. Ich freue mich indessen bereits auf den morgigen Tag, denn morgen wartet wieder neue Zeit, die wir zusammen verbringen können. Trotzdem: Einen frohen Elena-Tag alle miteinander!

186. Tag – 2. Juni

Wegschauen ist das Wort der Stunde. Wir schauen weg, um Stress und Konflikte zu vermeiden. Anstatt auf Elenas Frustration einzugehen, weil sie kaum essen kann, lesen wir Zeitung. Wenn sie sich sogar beim Sitzen nicht richtig halten kann, denken wir darüber nach, in welchen Farben wir die renovierten Räume streichen wollen. Wenn auch die linke Hand ihren Dienst versagt, wischen wir einfach kommentarlos alles auf. Aber das Wegsehen hilft nicht. Wir denken trotzdem nur an Elena und ihre Krankheit. Die Nachrichten sind unwichtig, Wandfarben vollkommen irrelevant und das Haus sowieso nicht sauber zu kriegen. Wie sehr wir auch versuchen, den Gedanken zu verdrängen: Elenas ungewisse Zukunft ist allgegenwärtig.

Selbst dieses Tagebuch ist eine Art des Wegsehens. An harten Tagen ergehen wir uns in philosophischen Überlegungen, an guten Tagen schreiben wir, wie sehr wir unser Familienleben genießen. Heute etwa konnte Elena nicht stehen und kaum essen. Zwar sagten die Ärzte, dass wir nach Beendigung der Chemo mindestens fünf Tage abwarten müssten, um eine Besserung zu beobachten, doch morgen ist der fünfte Tag, und ich sehe keine Besserung. Also schreiben wir weiter Tagebuch oder schauen uns Farbkarten an – alles, um die schrecklichen Gedanken beiseitezuschieben, die uns ohnehin nicht aus dem Kopf gehen.

Anfangs schmerzte es am meisten, keine Kontrolle zu haben. Es ist doch so: Bereits in jungen Jahren wird uns beigebracht, dass Gutes bekommt, wer Gutes tut. Bringt man den Müll raus, erhält man mehr Taschengeld, ein gutes Zeugnis wird mit einer Kugel

Eis belohnt. In Wahrheit allerdings besitzt man gar nicht solche Kontrolle über sein Leben.

Manchmal, wenn wir Elena ansehen, fragen wir uns, was wir für eine Schuld auf uns geladen haben, dass wir so hart bestraft werden, und wie wir sie wiedergutmachen können. Wir fragen uns, ob wir nicht etwas hätten besser machen können. Doch natürlich sind solche Gedanken lächerlich! Schicksalsschläge sind keine Rache, und nichts, aus dem man sich freikaufen kann. Und dennoch wünscht man sich nichts sehnlicher. Man wünscht sich, einen Schuldigen zu finden, jemanden, den man zur Verantwortung ziehen kann – allein, um sich nicht weiter so machtlos zu fühlen. Damit all das einen Sinn ergibt, wenn auch einen, der uns nicht gefällt. So könnte man jeden Schicksalsschlag ertragen, jede Katastrophe rechtfertigen. Man müsste keine Angst haben vor der großen Sinnlosigkeit, vor dem nächsten Tag, vor dem ganzen Leben. Wenn alles nur Konsequenzen guter oder schlechter Handlungen wären, besäße man schließlich die Kontrolle. Das Leben würde nur so ablaufen, wie man es selbst gestaltet, Zeit hätte absolut keine Bedeutung.

Doch letztlich fühlt sich das Leben ohne diese Kontrolle viel besser an. Jeden Tag lebt man in vollen Zügen aus, und Gutes tut man nicht, um Schlechtes zu vermeiden, sondern weil es das einzig Richtige ist. Elena hat mich das gelehrt, und auch wenn ich wünschte, dass ich diese Lektion nie auf diese Weise hätte lernen müssen, so bin ich meiner Tochter doch dankbar dafür.

187. Tag – 3. Juni

Die Leute an der Tankstelle müssen mich für verrückt gehalten haben. Nicht, weil ich trotz der astronomischen Benzinpreise meinen Geländewagen volltankte, sondern weil ich mit wild fuchtelnden Armen und Grimassen schneidend um das Auto rannte. Was durch die getönten Scheiben natürlich niemand sehen konn-

173

te, war, dass Elena und Gracie auf der Rückbank saßen und vor Lachen brüllten.

Das Spiel war ganz einfach: Solange die Zapfpistole lief, musste ich geduckt um den Wagen herumschleichen, überraschend immer wieder an einem anderen Fenster erscheinen und dabei Späße machen. Und genau das tat ich. Einmal warf ich mich sogar mit übergezogener Kapuze auf die Motorhaube. Brooke verdrehte auf dem Beifahrersitz die Augen, aber Elena und Gracie hatten einen Heidenspaß. Gracie klopfte ständig wild an ihre Scheibe und verlangte, dass ich als Nächstes dort auftauchte. Und so ging es immer weiter. Für einen winzigen Moment ärgerte ich mich, dass ich damals nicht den Familienwagen gekauft hatte, dessen Tank wäre längst nachgefüllt – während der des Geländewagens trotz der angezeigten 40 Dollar höchstens halb voll war. Aber natürlich bin ich wie immer mehr als alles andere auf ein Lächeln meiner Mädchen aus.

Wer mich also das nächste Mal an einer Tankstelle ums Auto rennen sieht, weiß, dass ich nur den Clown für meine Töchter spiele.

190. Tag – 6. Juni

Heute war der vorletzte Schultag, und die Luft flirrte vor Aufregung. Ich bin traurig, dass ich es nicht geschafft habe, Elena selbst abzuholen. Der Gedanke an morgen versetzt mich in Panik. Ich will nicht, dass die Schule zu Ende geht und mit ihr das Lernen, die Neugier, die Motivation. Drei Monate Sommerferien … Ich wünsche mir nichts mehr, als am ersten Schultag im Herbst mit Elena an der Hand vor der Klasse zu stehen und auf die Schulglocke zu warten.

Ich habe ungefähr zwanzig Minuten auf das Bestellformular für die Bücher des nächsten Schuljahres gestarrt. Nie war mein Verlangen, ein Formular auszufüllen, so groß gewesen. Dann legte ich

das Blatt wieder hin und begab mich ins Internet. Ich wollte un-
bedingt eine einzige Person finden, die ihren Hirnstammtumor
überlebt hat. Nur eine. Nur ein bisschen Hoffnung.

196. Tag – 12. Juni

Ihr ganzes Leben lang wurde Elena immer für ihre schönen,
strahlenden Augen und ihr dickes Haar bewundert. Um ihre Haar-
pracht zu betonen, besaß sie eine beeindruckende Kollektion von
Bändern, Spangen und Clips.

Vor der Bestrahlung warnten uns die Ärzte, dass Elenas Haar
infolge der Behandlung womöglich dünner werden würde. Doch
den geringen Haarausfall bemerkte man kaum. Auch ihre erste Che-
mo, die sehr moderat war, hatte zum Glück keinen Haarausfall
zur Folge. Was das anging, war Elena eine Außenseiterin in der
Klinik, denn die meisten Kinder bedeckten ihre kahl werdenden
Köpfe mit bunten Kappen oder selbst gestrickten Mützen. Einmal
fragte mich Elena, ob auch sie ihre Haare verlieren würde. Nach-
dem ich vehement verneint hatte, wollte sie wissen, ob sie trotzdem
eine der bunten Mützen haben könnte.

Die neue Chemo ist viel aggressiver, und somit wird Elena wohl
bald nicht mehr eine solche Ausnahme sein. Heute Morgen habe
ich erneut ein ganzes Büschel in der Bürste bemerkt. Als ich mei-
ne Kleine fragte, ob sie vielleicht eine neue Frisur ausprobieren wol-
le, schüttelte sie nur energisch den Kopf. Dann schlug ich ihr vor,
zusammen einige Modemagazine nach schönen Frisuren durchzu-
blättern. Sie zuckte nur mit den Schultern und starrte an die Wand.
Ich kann mir kaum vorstellen, wie sie damit umgehen wird, wenn
sie ihre schönen Haare verliert. Schon mit den Schwellungen im
Gesicht geht es ihr alles andere als gut. Doch so oder so haben wir
nach wie vor die hübscheste Tochter, die man sich überhaupt vor-
stellen kann. Wir werden einfach unsere Kollektion an Haar-Ac-
cessoires erweitern müssen.

198. Tag – 14. Juni

Wenn ich mich später an meine Tochter erinnere, möchte ich mich an ihr Lachen erinnern, oder daran, wie sie ihre Schwester durch den Garten jagt. Andere Erlebnisse möchte ich lieber vergessen, so wie den Tag heute.

Nach Beendigung der Chemo war unsere Kleine heute nicht in der Lage, zu essen oder zu trinken. Wann immer wir ihr eine Tasse an den Mund setzten, gurgelte und spuckte Elena nur, aus Angst, zu ersticken. Jede Bemühung, ihr einen Strohhalm in den Mund zu geben, scheiterte, weil sie Zähne und Lippen fest aufeinanderpresste. Essen verweigert sie jetzt völlig. Wir ernähren sie deshalb für den Moment mit Nährstoff-Getränken aus der Pipette, Tropfen für Tropfen. Sobald wir von ihr abließen, verlangte sie, in ihr Zimmer gebracht zu werden. Dort lag sie dann auf dem Bett und starrte an die Decke. Zum Glück kamen ihre Großeltern vorbei und brachten Elena zur Wassergymnastik. Die Stunde verbrachte sie anscheinend damit, sich ganz friedlich im Wasser treiben zu lassen.

Ich hätte nie gedacht, dass ich meine Tochter einmal mit einer Pipette würde füttern müssen. Doch vor einigen Wochen war ich auch noch der festen Überzeugung, dass ich mich nicht von ihrer Depression anstecken lassen würde. Heute allerdings fragte ich mich zum ersten Mal, wie es überhaupt weiterginge, wenn all das ein Ende hätte. Wie würden wir reagieren? Wäre es unsere Schuld? Und ich fragte mich, ob ich mich irgendwie vor dem Schmerz des Verlustes schützen könnte. Konnte ich mich selbst belügen und mir vormachen, dass es mich nicht berührte? Aber allein die Tatsache, dass ich mir diese Fragen stellte, machte klar: Natürlich würde es mich berühren! Ich werde nie aufhören, mich zu kümmern und Erinnerungen zu sammeln. Auch wenn der heutige Tag keine schöne Erinnerung ist. Aber diese düsteren Gedanken müssen sofort aufhören! Ab morgen arbeiten wir wieder an guten Erinnerungen.

199. Tag – 15. Juni

Heute stand uns ein Schritt bevor, den wir schon lange gefürchtet hatten. Wir sollten uns die Hospizstation der Klinik anschauen und das Team dort kennenlernen. Unser Arzt hatte uns schon eine ganze Weile gedrängt, uns zumindest über die Leistungen zu informieren, aber wir lehnten immer ab und behaupteten, wir hätten zu Hause alles unter Kontrolle. Doch nach und nach mussten wir zugeben, dass das nicht der Fall war, und so vereinbarten wir widerwillig einen Termin im Hospiz. Sobald die Entscheidung gefallen war, fing Elena wie durch ein Wunder wieder an, zu trinken und zu essen. Sie verputzte zwei Schalen Eis, zwei Brezeln und einen glasierten Donut, den die Großeltern zum Frühstück mitgebracht hatten. Auch ihre verkrampften Gliedmaßen schienen plötzlich lockerer und beweglicher zu sein.

Als wir dann heute auf das Team im Hospiz trafen, war ich mehr als überrascht: Die Station gleicht einer Wellness-Einrichtung. Es gab sogar einen Masseur. Ich wünschte, ich hätte das früher gewusst und nicht immer geglaubt, das Hospiz wäre gleichzusetzen mit aufgeben.

Wir tauschten uns lange und ausführlich mit den Angestellten aus. Die Schwestern sagten, sie würden alles geben, damit sich Elena schnell wieder erholte. Ich merkte an, dass glasierte Donuts dabei durchaus hilfreich wären. Dieser Tag, vor dem ich mich derart gefürchtet hatte, schenkte uns am Ende mehr Hoffnung als viele andere Tage zuvor. Hier ging es nicht darum, aufzugeben, sondern zu akzeptieren, dass auch wir von Zeit zu Zeit Hilfe brauchen.

200. Tag – 16. Juni

Vorbei die Zeit, in der sie Polizistin oder Lehrerin werden wollte. Heute teilte uns Gracie mit, dass sie ihre Meinung geändert habe, und zwar endgültig. Anstatt „böse Männer" einzusperren oder Kindern das Lesen beizubringen, will sie nun Ärztin werden.

Aber nicht irgendeine Ärztin, sondern „Elenas Ärztin". Sie würde Kinderonkologin werden. Schließlich dürfen die blaue Handschuhe tragen, mit piepsenden Maschinen arbeiten und Kindern helfen. Was kann es Schöneres geben? Während sie neben Brooke im Garten saß und die Füße von der Liege baumeln ließ, flüsterte sie ihr ins Ohr, das Beste wäre, dass man einen weißen Mantel tragen könne. Es wird wohl Zeit, für das College zu sparen – und für den Kittel.

Nun läuft unsere Jüngste also stolz mit ihren blauen Handschuhen umher, die sie im Krankenhaus stibitzt hat, und verkündet immer wieder ihre Entscheidung. Ärztin würde sie werden, und sie müsse sich beeilen, denn Elena braucht die Hilfe ihrer Schwester – von Doktor Gracie, wie sie sich nun selbst nennt. Im Auto warf Elena ihr allerdings einen recht verächtlichen Blick zu. Hatte Gracie nicht erst letzte Woche verkündet, dass sie keine Lust mehr hatte, die Fische zu füttern, und dass wir die Tiere die Toilette runterspülen könnten? Nun ja, ein bisschen muss sie noch an ihrer Einstellung arbeiten, aber das wird schon. Zumindest hat sie ja schon die blauen Handschuhe.

201. Tag – 17. Juni

Ich halte mich an jedem Strohhalm fest. Die Tage vergehen, und es stellt sich keine Besserung ein. Noch will ich es nicht wahrhaben, aber ich fürchte, wir werden die Gedanken, vor denen wir uns am meisten fürchten, langsam zulassen müssen. Und trotzdem gibt es immer wieder kleine Lichtblicke. Ein Lächeln, kurz vor einem Hustenanfall, der Arm, den sie um meinen Hals legt, wenn ich sie die Treppen heruntertrage – und ihr Gähnen. Zwar behaupten die Ärzte, es sei ein Reflex, aber für Brooke und mich ist es viel mehr als das. Normalerweise kann Elena den Mund kaum zwei Zentimeter weit öffnen, aber wenn sie gähnt, reißt sie die Lippen förmlich auseinander, und man kann sogar ein wenig ihre Stimme erahnen. Für uns sind es diese Momente, die zählen, denn in ihnen erinnern wir uns an die andere, gesunde Elena. Auch wenn sie sich nie wieder völlig erholen wird, feiern wir also laut jedes Gähnen, als kündige es ihre Genesung an. Manchmal geben wir sogar vor, wir seien selbst furchtbar müde, nur damit Elena uns einmal mehr den Gefallen tut, doch das funktioniert nicht.

So sehr wir es auch versuchen, wir können uns kaum mehr an Elenas echte Stimme erinnern. Deshalb sehen wir uns die kurzen Videos an, die wir vor einem halben Jahr in der Klinik aufgenommen haben. Auch wenn Elenas Stimme in den Clips bereits nicht mehr ihre gesunde ist, ist es zumindest eine Erinnerung daran. Manchmal frage ich mich, ob ich eines Tages auch ihr hübsches Gesicht vergesse und ob ich am Ende nur noch diese letzten Wochen im Kopf haben werde. Ich weiß, ich habe schon einmal darüber geschrieben, doch es ist einfach zu schwer, gegen diese Gedanken anzukommen.

Ich habe außerdem bemerkt, dass ich im wahrsten Sinne des Wortes in Augen-Blicken lebe. Immer öfter ertappe ich mich dabei, wie ich die Augen schließe, wenn ich nicht mit ansehen kann, wie Elena hinfällt, sich an einer Nudel verschluckt oder vor Erschöpfung weint. Nur einen Sekundenbruchteil später öffne ich die Augen dann wieder, aus Angst, einen Moment im Leben meiner Tochter zu verpassen. Manchmal hoffe ich, dass, wenn ich die Augen aufmache, Elena wie durch ein Wunder gesund vor mir steht. Doch ich fürchte, das wird nicht passieren.

203. Tag – 19. Juni

Ich fühle mich, als wäre ich einen Marathon gelaufen. In den letzten Tagen habe ich so viel geweint, dass mir permanent der Kopf schmerzt und sich ein steinharter Kloß in meinem Magen gebildet hat. Jede Nacht bleiben Keith und ich bis fast zum Morgengrauen auf, um uns Methoden zu überlegen, Elena zu füttern, damit sie nicht an den Tropf muss. Anstatt des üblichen Joghurts versuchten wir es heute mit Buchstabensuppe. Doch nach vier Löffeln mochte sie auch die nicht mehr. Keith fragte, ob sie Milch wollte. Normale Milch, nicht die mit Vitaminen versetzte, die wir ihr sonst immer geben. Elena schaute uns nur trotzig an, ergriff dann das Glas mit ihren Tabletten und stürzte alle auf einmal herunter. Keith und ich standen nur mit offenem Mund daneben. Dann öffneten wir hastig sämtliche Schränke, damit sie uns zeigen konnte, was sie essen wollte. Elena deutete auf die Packung mit den Crackern. Ihr Abendessen bestand letztlich aus drei Goldfischli, einer halben Scheibe Käse, einer Kugel Eis und einem Spritzer Sahne. So viel zum Thema gesunde Ernährung. Aber wenigstens ist es nicht der Tropf. Jeder Bissen wurde sorgfältig gekaut, trotzdem verschluckte sie sich mehrmals und musste husten.

Nachdem Keith Gracie ins Bett gebracht hatte, fragte ich Elena, ob sie noch mehr essen wolle. Sie schüttelte nur den Kopf und deu-

tete auf ihre Wangen. Sie hatte tatsächlich Angst, zu dick zu wer-
den. Ich versicherte ihr, dass sie wunderschön sei und dass die
Schwellung der Wangen nur mit den Medikamenten und keines-
falls mit dem Essen zu tun habe. Aber das wollte sie mir einfach
nicht glauben.

204. Tag – 20. Juni

Bislang war jede Prognose der Ärzte falsch. Anfangs hieß es,
Elena würde nach der Bestrahlung vielleicht noch drei Monate,
höchstens etwa 135 Tage leben. Heute sind wir bei Tag 204 angelangt. Anschließend hat man uns sieben Monate gegeben. Diese Marke wird unsere Kleine nächste Woche erreichen. Nachdem
man den Rückfall diagnostiziert hatte, sagte man uns, ihr blieben
noch drei Wochen. Inzwischen sind es neun. Und nun, seit sie mit
starken Atemproblemen zu kämpfen hat und vielleicht an den
Tropf muss, sollen wir uns jeden Moment auf das Unvermeidliche vorbereiten. Doch heute Morgen ist Elena aufgewacht, hat
zwei Gläser Milch getrunken und ein normales Frühstück gegessen. Mittags verlangte sie nach Crackern und Käse und wollte ins
Einkaufszentrum fahren. Als wir später zu einer Untersuchung im
Krankenhaus waren, gaben die Ärzte daraufhin zu, dass sie nichts
mit Sicherheit sagen können. Und genau das wollen wir hören!

Einmal mehr liegt unsere ganze Hoffnung darin, dass Elenas
Tumor ungewöhnlich ist. Normal heißt tödlich, ungewöhnlich
birgt Zuversicht. So läuft es doch in der medizinischen Entwicklung, oder? Etwas ist ungewöhnlich, und man greift zu unge-
wöhnlichen Maßnahmen. Doch am Ende findet man ein Heilmittel. Vor jeder Lösung für ein neues Problem steht immer ein
„Ich weiß es nicht". Und als die Ärzte heute zugeben mussten, dass
sie nicht weiterwissen, war das für Brooke und mich Grund genug, zu jubeln. Dann müssen wir es eben zusammen herausfin-
den!

207. Tag – 23. Juni

Heute wollten wir Elena verwöhnen. Seit ihr die Haare ausfallen und die Wangen anschwellen, geht es ihr psychisch nicht sehr gut. Also statteten wir einem Friseursalon einen Besuch ab. Gracie war als Erste an der Reihe und entschied sich für pinkfarbene und rote Fingernägel und kleine Ringellöckchen. Das war untypisch für unseren kleinen Wildfang. Nun ist sie ganz eine Dame – zumindest, bis wir die Locken morgen wieder auskämmen. Elena, die selten Abenteuer in Sachen Styling wagt, war völlig fasziniert von den knallroten Strähnchen einer Mitarbeiterin und verlangte genau diese Frisur. Wahrscheinlich brauchte sie einfach einmal etwas Neues, etwas Rebellisches. Nun denn, Brooke und ich hätten niemals Nein gesagt, nachdem sich Elena trotz ihrer Krankheit seit Monaten derart tapfer schlägt. Sobald sie sich eine Tätowierung oder ein Piercing wünscht, werden wir eine Grenze ziehen müssen, aber rote Haare soll sie haben.

Zwei Stunden später besaß Elena nicht nur eine neue Frisur, sondern auch einen weiteren Plüschhund und einen Waldbeer-Smoothie. Das Personal hatte sich wirklich bemüht, es Elena so angenehm wie möglich zu machen. Vor allem, da sie zunehmend über Rückenschmerzen klagt. Der Besuch im Friseursalon hat sich jedenfalls voll ausgezahlt. Elena war überglücklich und präsentierte stolz ihre neue Haarfarbe. Vielleicht wird sie das wenigstens ein paar Tage lang von den geschwollenen Wangen ablenken.

210. Tag – 26. Juni

Wenn Elena nach etwas verlangt, wird es wegen ihrer mangelnden Sprachfähigkeit und der gelähmten Gliedmaßen immer schwieriger für uns, zu verstehen, was sie möchte. Vor allem um zwei Uhr nachts, wenn wir selbst gerade fest geschlafen haben. Dann beginnt das Ratespiel. Will sie auf der Seite liegen? Sie schüttelt den Kopf. Will sie auf dem Rücken liegen? Sie schüttelt energischer den Kopf. Will sie zugedeckt werden? Sie stöhnt auf. Und so geht es immer weiter. Sucht sie ein bestimmtes Stofftier? Tut ihr etwas weh? Immer wieder schüttelt sie den Kopf, und die Frustration steigt auf beiden Seiten. Schließlich wird das Licht eingeschaltet, und Elena versucht, aufzuschreiben, was sie möchte. Doch wir können nicht erkennen, ob sie ein Bild malt oder Buchstaben schreibt. „Ist das ein U?" „Hat es etwas mit deinem Zimmer zu tun?" „Mit deinem Körper?" Aber wieder nur Stöhnen und Kopfschütteln.

Und so läuft es Nacht für Nacht ab. Immer dieselben Fragen, dasselbe Kopfschütteln, dieselbe Frustration.

Häufig möchte sie nur etwas ganz Einfaches, etwas zu Trinken vielleicht, oder auf die Toilette getragen werden. Das erraten wir fast immer nach zwei bis drei Versuchen. Doch dann will sie uns auch andere Dinge sagen. Dinge, die vollkommen aus der Luft gegriffen und ohne Zusammenhang sind, die Elena uns aber genau in diesem Moment gern mitteilen möchte. Zum Beispiel, dass sie am nächsten Tag gern ihre pinkfarbenen Socken anziehen würde oder dass sie auf dem Weg vom Krankenhaus nach Hause genau fünf Flaggen gesehen hat. Mit anderen Worten: Es herauszufinden, ist absolut unmöglich. Wir versuchen es trotzdem. Denn als sie ihre Stimme vor einigen Monaten zum ersten Mal verloren hatte, haben wir ihr versprochen, so lange zu versuchen, sie zu verstehen, wie sie versucht, mit uns zu sprechen. Und der Lohn eines erratenen Gedankens ist unbezahlbar: ein breites, glückliches Lächeln!

Heute war die Logopädin da, um uns zu helfen, besser miteinander zu kommunizieren. Sie machte den Vorschlag, mit Bildern zu arbeiten, da Elena aufgrund der Lähmung Gebärdensprache nicht mehr einsetzen kann. Also fotografierten wir jeden einzelnen Gegenstand im Haus: Elenas Kopfkissen, Decke, Bett, Stuhl, ihre Stofftiere und selbst die Eiskrempackungen im Gefrierfach. Dann machten wir Aufnahmen, wie Elena im Bett liegt: einmal auf der Seite, einmal auf dem Rücken. Die Bilder klebten wir in ein Album, sodass Elena nun nur noch darauf zu zeigen braucht. Vielleicht können Brooke und ich jetzt ein bisschen mehr schlafen.

Übrigens: Als sie uns letzte Nacht verzweifelt versuchte, etwas mitzuteilen, ging es darum, dass Gracie die Dose mit dem Fischfutter offen stehen gelassen hat. Die Logopädin wunderte sich zwar, warum wir auch die Fischfutterdose fotografierten, aber Elena lächelte zufrieden.

212. Tag – 28. Juni

Sieben Monate sind einfach zu kurz. Auch wenn wir nicht erwartet hätten, dass Elena uns so lange erhalten bleibt, auch wenn man uns erst viel weniger Zeit gegeben hat, reichen sieben Monate bei Weitem nicht aus.

Mit dem Überschreiten dieser Siebenmonatsgrenze hat Elena jetzt gänzlich unbekanntes Territorium betreten. Doch während ich mich darüber freue und hoffe, dass es immer so weitergeht, höre ich immer wieder von Kindern, die es nicht schaffen. Für jeden Tag, den Elena länger lebt als von den Ärzten erwartet, muss ein anderes Kind den Prognosen zum Opfer fallen. Das ist das Gesetz der Wahrscheinlichkeit. Deshalb habe ich Elena heute in stiller Freude noch länger im Arm gehalten, als ich sie ins Bett brachte. Ich weiß, dass der Weg, der nun vor uns liegt, ungewiss und gnadenlos ist.

Als wir heute im Krankenhaus Elenas Medikamente abholten, fragte ich die Ärzte zum ersten Mal, was ich nie geglaubt hätte, fragen zu müssen: Wie wird es sein, wenn meine Tochter stirbt? Wird sie friedlich gehen können? Oder sollte meine größte Angst wahr werden und sie muss unendlich leiden? Sieht man die Berichte anderer Eltern durch, wird einem klar, dass selbst die schlimmsten Befürchtungen oftmals noch übertroffen werden. Man muss nur zwischen den Zeilen lesen. Da steht „Es war eine lange Nacht" oder das Kind habe „starke Kopfschmerzen" gehabt. Doch in Wahrheit sind das nur Untertreibungen, Schönfärbungen des schrecklichsten Moments, den man als Elternteil erleben kann.

Auch die Antwort der Ärzte konnte mich nicht beruhigen. Im Gegenteil. Es könne zu Atembeschwerden, Unterernährung, inneren Blutungen oder Krämpfen kommen. Das war nicht die Antwort, die ich hören wollte. Aber ich musste der Tatsache ins Auge sehen. Die Realität konnte gar nicht so grausam sein wie meine Angst.

215. Tag – 1. Juli

Ich wünsche mir eine Hollywoodschaukel, Brooke möchte eine größere Küche, Gracie eine breitere Auffahrt, um das Radfahren zu üben – und Elena will einfach nur, dass das Haus endlich fertig wird. Das Projekt „Hausumbau" zieht sich in die Länge und stört uns alle jeden Tag. Der Grund für die Verzögerung liegt in unserer häufigen Abwesenheit, aber auch am Geld. Die Umsetzung der Pläne hatten wir bereits in Gang gesetzt, ehe der Krebs Teil unseres Lebens wurde, und inzwischen ist es zu spät, um aufzuhören. Also haben wir die Finanzsituation neu beleuchtet, versuchen, so viel wie möglich selbst zu erledigen und alles unter einen Hut zu bringen.

Das letzte Mal haben wir renoviert, als Elena gerade zwei Jahre alt war und Gracie noch ein Baby. Elena half mir dabei, die Küche auszubauen. Ich war damals mehr als ungeschickt. Aber nicht in Elenas Augen. Sie saß auf einem Stuhl in der Ecke, reichte mir von Zeit zu Zeit einen Keks und lobte immer wieder: „Daddy, das ist schön!", während sie laut in die Hände klatschte. Kaum etwas tut dem Ego eines Vaters so gut. Brooke machte dann im nächsten Moment zwar alles zunichte, wenn sie lachend in die Küche kam und etwa sagte: „Bist du dir sicher, dass das tropfen sollte?" Doch für Elena blieb meine Arbeit perfekt.

Im Moment arbeite ich an den Wandschränken im Wohnzimmer, und ich wünsche mir nichts sehnlicher als Elenas Aufmunterungen. Mittlerweile bin ich ein sehr viel besserer Handwerker, mit Elena im Hintergrund hätte die Arbeit allerdings eine andere Qualität. In der Ecke steht noch der Hocker, auf dem sie immer gesessen und Kekse gefuttert hat. Aber nun liegt meine Kleine mit Brooke auf der Couch, angeschlossen an einen Tropf, mit dem sie künstlich ernährt wird. Ich lege den Hammer hin. Renovieren ohne Elena ist nicht das Gleiche.

Morgen werde ich endlich die Hollywoodschaukel für die Veranda bauen. Das habe ich Elena versprochen. Eine Hollywood-

schaukel, auf der wir sitzen, reden und den Sonnenuntergang beobachten können. Vielleicht essen wir dann sogar wieder Kekse
zusammen.

216. Tag – 2. Juli

Im Grunde habe ich nie wirklich daran geglaubt, dass Elena
wieder gesund wird – nach all den Gesprächen mit den Ärzten
und den zahllosen Websites. Und auch wenn ich hier immer das
positive Denken gepredigt habe, hielt ich eine völlige Heilung tief
im Inneren für unmöglich. Als all die Sauerstoffflaschen und
Tropfständer bei uns ankamen, hatte ich das Gefühl, dass diese
Chemo wohl Elenas letzte sein würde. Bis heute!

Der heutige Morgen begann wie immer. Wir standen um sieben Uhr auf, wuschen Elena, zogen sie an und kämmten ihr die
dünnen Haare. Das Frühstück war gewohnt schwierig, da sie den
Mund kaum mehr einen halben Zentimeter weit öffnen kann. Also gab es wieder nur Joghurt und Milch. Die rapide Verbesserung
von Elenas Zustand setzte ein, als Brooke und ich zur Arbeit gingen und Grandma und Kelli, meine Cousine, das Kommando
übernahmen.

Geplant war ein Ausflug zum Naturspielplatz, damit Elena auf
andere Gedanken kam und sie einmal etwas anderes sah als die
Wohnzimmerdecke. Also packten Grandma und Kelli einen Pick-
nickkorb und fuhren mit den Mädchen los. Und offenbar hat Elena dabei weit mehr gegessen als Milch und Joghurt, nämlich einen Keks, einige Chips, Blaubeeren und etwas Schinken und Käse. Vor drei Monaten wäre das keine außergewöhnliche Portion
gewesen, heute aber ist es ein Grund zum Feiern. Ein Schritt in
die richtige Richtung.

Als ich von der Arbeit zurückkam, verlangte Elena bereits nach
dem Abendessen und schaffte es sogar, ein paar Worte zu sagen.
Brooke und ich waren angesichts dieses Fortschritts überglück-

lich. Endlich übernahm Elena wieder die Kontrolle. Nicht nur über ihre Stimmbänder, sondern auch über ihr Leben. Sie teilte uns langsam, aber in ganzen Sätzen mit, dass sie am nächsten Morgen nur Moms Hilfe brauche und gleich lieber nicht in die Badewanne wolle.

Elenas Zustand verbessert sich, und das allein dank ihres starken Willens! Heute habe ich das erste Mal ganz vorsichtig den Gedanken zugelassen, wie es wohl wäre, wenn Elena geheilt würde. Kämen all ihre Fähigkeiten zurück? Wie lange würde das dauern? Es ist unglaublich schön, diesen Abend ausnahmsweise mit einem positiven Gefühl schlafen zu gehen. Und auch wenn ich mich nicht zu früh freuen will, koste ich diesen Moment doch voll und ganz aus, in dem ich mir das erste Mal vorstellen kann, dass alles wieder so wird, wie es früher war.

219. Tag – 5. Juli

Neben Elena habe ich mich schon immer wie ein Kind gefühlt. Mit ihren sechs Jahren ist sie erwachsener, als ich es jemals sein werde. Aber bereits während sie in der Wiege lag, hatte ich das Gefühl, dass sie mich kritisch beäugte und mich schon damals maßregeln wollte.

Schon ganz früh war sie es, die mich daran erinnerte, dass man sich entschuldigt (meistens bei Brooke – ich frage mich, ob die ihre Hand im Spiel hatte). Und vor allem, dass die Familie immer vorgeht. Sogar heute, obwohl sie selbst viele Kämpfe auszustehen hat, kaum essen und trinken kann und zum dritten Mal in ihrem Leben laufen lernt, sorgt sie sich um mich und bringt mir Manieren bei.

Als sie heute Morgen in meinem Arm auf der Couch lag, tat ich, was ich oft aus Gewohnheit tue: Ich knackte mit den Fingerknöcheln. Elena schüttelte daraufhin kräftig mit dem Kopf, stöhnte und deutete auf meine Hände. Ich wusste, was sie mir sagen wollte, und hörte augenblicklich auf. Fünf Minuten lang hielt ich auch durch, bis sie in meinem Arm einschlief, dann streckte ich die Finger wieder. Was ich nicht wusste, war, dass Elena mich nur auf die Probe stellte. Sofort öffnete sie die Augen und schimpfte mit mir.

Selbst in ihrem derzeitigen Zustand denkt sie mehr an andere als an sich selbst.

221. Tag – 7. Juli

Heute habe ich versucht, Elena zum Aufstehen zu bewegen, um einige Übungen mit ihr zu machen. Es folgte ein schier endloses Schnaufen, Stöhnen und Keuchen. Als ich sie fragte, ob sie Schmerzen hat, grunzte sie nur genervt, auf die Frage, ob sie vor dem Hinfallen Angst hat, schüttelte sie nur mit dem Kopf. Also hakte ich nach, warum sie einen solchen Aufstand veranstaltete, und sie zuckte nur mit den Schultern. Am Ende schaffte sie es, mit meiner Hil-

fe ganze fünf Minuten zu stehen, doch sie sträubte sich gewaltig. In diesen Momenten fühle ich mich so hilflos, weil ich keine Verbindung mehr zu meiner Tochter aufbauen kann. Ich kann ihre Gefühle nicht mehr deuten und erkennen, was sie beschäftigt. Ich will sie nur glücklich machen, weiß aber nicht mehr, wie.

Am Abend war es Gracie, die eine Lösung fand. In der Küche entdeckte sie die Schokoriegel, die meine Eltern gestern vorbeigebracht hatten, und gab sie Elena, deren Gesicht plötzlich erstrahlte. Und mit jedem kleinen Bissen wurde das Lächeln breiter. Ich bin fest entschlossen, ab heute eine Schoko-Therapie durchzuführen. Vielleicht frage ich sogar im Krankenhaus einmal nach, ob es Schokolade auch für den Tropf gibt.

226. Tag – 12. Juli

Jede Therapie ist auch Verhandlung. In Elenas Fall gilt das natürlich für alles, was man mit ihr macht. Allerdings verwandeln sich ihre Entschlusskraft und ihr Durchsetzungsvermögen angesichts der Frustration zunehmend in Sturheit und manchmal auch Boshaftigkeit. Ich vermute, das liegt daran, dass sie ständig von vorn anfangen muss. Mittlerweile lernt Elena grundlegende Dinge zum dritten Mal neu und muss mit ansehen, wie sie gerade gewonnene Fähigkeiten wieder verliert. Ich denke, sie hat einfach keine Lust mehr zu kämpfen.

Trotzdem versuchen wir, sie stets aufs Neue zu motivieren. Auch wenn sie es häufig nicht zulässt, sie uns böse anschaut, sich einfach fallen lässt oder über Kopfschmerzen klagt.

Hier kam Kelli ins Spiel. Meine Cousine ist Physiotherapeutin. Sie hat angeboten, Brooke und mich etwas zu entlasten, indem sie mit Elena professionell übt. Doch heute hat sich Kelli beklagt, dass sich Elena stur gegen jede Übung wehrt und alle Versuche, sie zu motivieren, rigoros abblockt. Dabei verwendet Kelli Stunden darauf, sich vorzubereiten und sich Wege auszudenken, Ele-

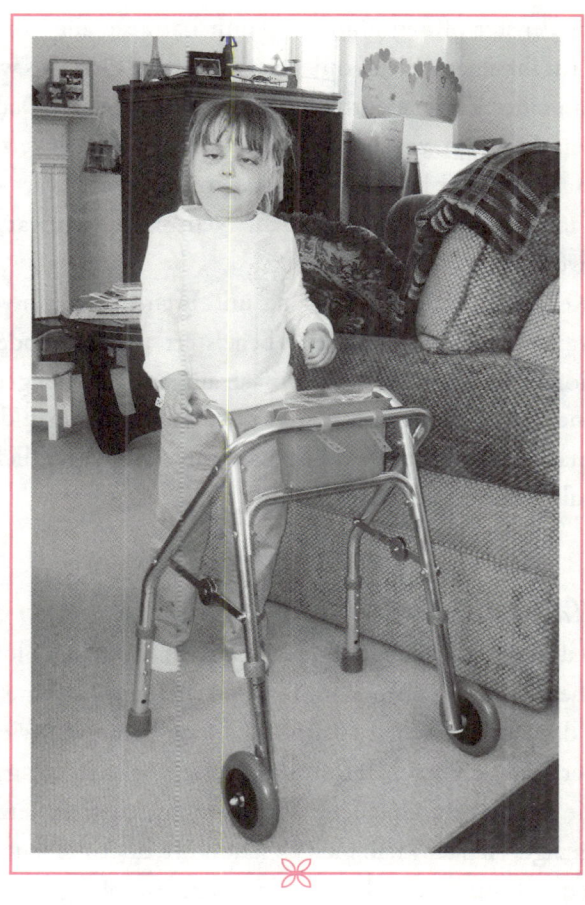

na möglichst spielerisch zu fordern. Nur um dann von ihrer kleinen Schülerin abgeschmettert zu werden, sobald diese das Spiel als Therapie durchschaut. Es ist wie eine Partie Schach, nur dass Elena bereits weiß, wie sie gewinnt, bevor man überhaupt den ersten Zug geplant hat.

Im Grunde war das immer so. Einmal zum Beispiel, da war Elena gerade vier Jahre alt, fragte sie im Auto, ob ich Geld dabei hätte. „Ja, ein wenig", sagte ich. „Warum?" Doch Elena antwortete nicht, sondern starrte nur aus dem Fenster. Einige Minuten später fragte sie, ob mir nicht auch so furchtbar heiß wäre und ob ich bitte das Fenster öffnen könnte. Damit hatte sie alle Voraussetzungen für ihr eigentliches Anliegen geschaffen: Denn als wir bald darauf an einer Eisdiele vorbeifuhren, schlug sie vor: „Dad, wollen wir ein Eis essen, weil es so warm ist?" Sie hatte sich versichert, dass ich Geld dabei hatte und dass auch mir warm war – somit konnte ich zu einem Eis kaum mehr Nein sagen. Ich war ausgetrickst worden.

Als Kelli heute sah, wie ich lang und breit mit Elena verhandelte, war sie sicher alles andere als begeistert. Ihre Methoden sind professionell, und da wird nicht einfach aufgegeben oder getrickst. Aber eine Verbesserung von Elenas Zustand kann nur in der Zusammenarbeit entstehen. Und deshalb muss es gelegentlich auch ein Eis als Belohnung geben.

228. Tag – 14. Juli

Man darf einfach nicht aufgeben. Und als würde der bloße Gedanke bereits über Leben und Tod entscheiden, klammert man sich an das letzte bisschen Hoffnung. Doch heute war wieder einer jener Tage, die kaum Hoffnung in sich bergen. Langsam sickert die Realität durch: Elena wird es nicht schaffen. Jetzt habe ich es gesagt! Gedacht habe ich es schon oft, aber nie laut ausgesprochen. Ich bin wütend und verzweifelt. Brooke geht es nicht anders. Im Papierkorb liegen Dutzende benutzter Taschentücher. Zwar versteckt sie diese unter zerknüllten Zetteln, doch ich kenne diesen Trick – ich mache es auch so.

Beim Frühstück versuchen wir, nicht auf Elenas verkrampfte Hände und den zusammengepressten Kiefer zu starren. Immer wieder sagen wir ihr, wie toll sie aussieht und welche großen Fortschritte sie seit dem Vortag gemacht hat. Wir versichern ihr, dass es nur Zeit braucht und dass sie sich anstrengen muss. Aber sie weiß, dass wir sie anlügen. Sie ist viel zu klug, und mit all den Erfahrungen der letzten Monate so viel reifer. Elena hat aufgegeben.

Ich kann es in ihren leeren Augen sehen. Sie denkt nicht mehr an die Schule oder die Ferien, meistens will sie nur allein in ihrem Zimmer sein. Das Essen verläuft still.

Die Stunden kommen uns grau und dunkel vor, und wir versuchen vergeblich, einen winzigen Lichtstrahl auszumachen. Aber von Tag zu Tag wird es schlimmer. Wir reden nicht darüber, sondern ignorieren das Offensichtliche. Und lügen.

229. Tag – 15. Juli

Ich bin zu einem menschlichen Taschentuch mutiert. All meine Hemden haben mittlerweile Schnodderflecken an der rechten Schulter. Aber das macht mir nichts. Seit ich Elena immer und überall hin tragen muss, ob ins Bad oder ins Schlafzimmer, putzt sie sich an meinen Hemden die Nase. Angefangen hatte das, als sie vor einigen Tagen erkältet war. Inzwischen ist es zu ihrem ganz eigenen kleinen Scherz geworden.

Wen auch immer ich tagsüber treffe, jeder macht mich auf die weißen Flecken an meinem Hemd aufmerksam. Und damit nicht genug. Seit Neuestem verteilt Elena auch ihr Essen auf meiner Kleidung. Heute zum Beispiel prangt ein rosafarbener Klecks vom Erdbeerjoghurt an meinem Kragen. Doch im Grunde sind diese Flecken meine persönlichen Medaillen für besondere väterliche Verdienste. Außerdem macht es Elena Freude, mich ständig mit Joghurt zu bekleckern und mich als Taschentuch zu benutzen. Auf diese Art und Weise rächt sie sich an mir, weil ich sie immer wieder zum Üben und Sprechen zwinge. Mittlerweile versucht sie kaum noch, es vor mir zu verbergen, wenn sie sich ihren Lieblingsscherz erlauben will. Sie sammelt Joghurt, Milch und Apfelmus im Mund, will dann ins Bad getragen werden und spuckt mir auf dem Weg dahin alles aufs Hemd. Es ist ihr kleiner Scherz, und wenn es ihr ein Lächeln abringt, könnte ich nicht glücklicher sein.

230. Tag – 16. Juli

Heute hat meine Frau die Worte ausgesprochen, vor denen ich mich am meisten gefürchtet habe: „Wir müssen versuchen, Elena die verbleibende Zeit so schön wie möglich zu machen."

In den letzten Tagen ging es Elena nicht sehr gut. Der Tumor greift inzwischen auf ihre Nerven über, und sie hat kaum noch Kontrolle über Kopf und Gesicht. Ironischerweise wirkt ihre rechte Hand, die all die Monate zuvor nur gelähmt am Körper herunterhing, plötzlich wieder locker und fast beweglich. Dafür verschlechtert sich ihr restlicher Zustand zusehends. Elena kann kaum mehr aufstöhnen, geschweige denn sprechen. Sie zu füttern ist bestenfalls ein Unterfangen, das Stunden dauert. Mit einer Pipette flößen wir ihr tropfenweise Milch ein oder geben Joghurt auf unsere Finger, die wir ihr dann zwischen die verkrampften Lippen schieben. Auch die Zunge kann sie nicht mehr bewegen, und ihre Augen, über die sie bis vor Kurzem noch mit uns kommunizierte, blicken jetzt nur starr geradeaus. Seit gestern ist es ihr unmöglich geworden, den Kopf selbstständig zu halten, sie muss ihn ständig auf die Schulter stützen.

Nichts könnte Elenas Traurigkeit wegwischen. Keine Reise nach Disneyland, kein Ausflug zum Eiffelturm. Denn sie weiß, was wir wissen.

Dass sich Brooke um Elenas Stimmung sorgt, ist normal. Doch heute gestand sie zum ersten Mal ein, dass sie die Hoffnung auf eine Heilung aufgegeben hat. Und Brooke hat recht. Auch wenn ich weiter für Elena kämpfen werde, müssen wir uns bald entscheiden, ob wir mit der Behandlung fortfahren oder zu Elenas Gunsten aufhören. Und ich fürchte, dieser Tag kommt bald.

232. Tag – 18. Juli

In letzter Zeit fühlt es sich so an, als hätte ich nach 24 Stunden eine ganze Woche gelebt. Allein, dass mein Tagesrhythmus vollkommen durcheinander ist, macht mich unendlich müde. Jeden Morgen muss einer von uns um kurz vor vier aufstehen, um den Beutel am Tropf zu wechseln. Warum gibt es nicht größere Beutel, damit wir wenigstens eine halbe Stunde länger schlafen können? Kaum ist das erledigt, geht 25 Minuten später bereits erneut der Wecker: Die Medikamente müssen verabreicht werden. Eine Stunde darauf müssen wir ohnehin aufstehen.

Heute jedoch erreichte uns ein überraschender Anruf, der gleich gute Laune verbreitete. Vor einiger Zeit hatten wir uns darum beworben, einen Behindertenhund zu bekommen. Das Tier soll unserer Kleinen helfen, sich besser im Haus zurechtzufinden, und uns darauf aufmerksam machen, wenn mit Elena etwas nicht stimmt, falls wir in einem anderen Zimmer sind. Wir hatten es kaum für möglich gehalten, dass wir in das Programm aufgenommen werden, da die Anzahl der Mitbewerber extrem groß ist. Doch heute sagte man uns, dass wir in nur zwei Wochen einen Hund bekommen würden. Offenbar hatte man die Dringlichkeit unseres Falls erkannt.

Als wir Elena davon erzählten, leuchteten ihre Augen zum ersten Mal seit Wochen auf. Wir planten sofort einen Ausflug ins Einkaufszentrum, um ein Spielzeug für das Tier zu kaufen. Allerdings, so erklärte ich, würde sie sich auch um den Hund kümmern müssen. Als sie skeptisch ihre Hand hochhielt, beruhigte ich sie, indem ich versicherte, dass ich ihr selbstverständlich dabei helfen würde. Da strahlte sie sofort wieder.

240. Tag – 26. Juli

Die letzten neun Monate haben wir hauptsächlich mit Warten verbracht. Es fing im November an, als wir auf die Handwerker für den Umbau warteten. Im Dezember dann warteten wir auf das Ende der Bestrahlung. Im Januar konnte der erste Schultag gar nicht bald genug kommen, im Februar freuten wir uns auf Dis-

neyland. Im März warteten wir darauf, endlich mit den Delfinen schwimmen zu gehen, im Mai fieberten wir dem Tag entgegen, an dem Elenas Bild endlich im Museum hing. Der Juni brachte dann das Warten auf den Ausflug zum Lake Tennessee mit sich – den wir im Tagebuch gar nicht erwähnten, glaube ich. Nur im Juli scheinen wir nun gleichzeitig auf alles und nichts zu warten. Die Mädchen hofften darauf, dass ihre Freunde zu Besuch kamen, Keith und ich wollten bloß etwas Ruhe. Gracie und Elena freuten sich auf den Hund, wir Eltern konnten es kaum erwarten, die Kinder angesichts des neuen Familienmitglieds lächeln zu sehen. Gracie wollte jede freie Minute schwimmen gehen, Elena hingegen lieber mit uns auf der Couch kuscheln. Es gibt keine großen Ereignisse oder Pläne mehr, denen wir entgegenfiebern. Es sind die kleinen Dinge, auf die wir gespannt warten: ein Lächeln, Gracies Grimassen und die winzigen Verbesserungen von Elenas Zustand.

Wir können unser Leben nicht mehr einfach leben. Der Tumor diktiert uns die Tage, und ich habe das Gefühl, nur in Zeitlupe zusehen zu können. Jeder Moment einer jeden Stunde wird mir bewusst, alles hat Einfluss auf mein Leben, und ich fühle mich extrem dünnhäutig. Was also tun, wenn man sich wie wir in einer so permanenten Krise befindet?

Heute etwa hat Elena mich aufgeweckt und mir mitgeteilt, dass ihr Arm wehtut. Die meisten Eltern hätten ihrem Kind eine Aspirin gegeben und wären wieder schlafen gegangen. Aber ich denke sofort an den Zustand von Elenas Blut, daran, was die Ärzte über die Medikamentierung gesagt haben, und überlege, was ein schmerzender Arm zu bedeuten hat. In meiner Panik habe ich schließlich Keith geweckt, weil ich nicht mehr weiterwusste. Wir haben ihr dann einen kalten Waschlappen auf den Arm gelegt, damit sie sich beruhigt.

Ich sehne mich so sehr nach einem Tag, an dem ein schmerzender Arm nur eine kleine Unannehmlichkeit darstellt. Nach dem Tag, an dem ich nicht ununterbrochen an Tabletten, den Tropf und *künstliche Ernährung denken muss. Wie die Male zuvor ging es Elena nach der Chemo heute nur bedingt gut. Aber nach dem Abwärtstrend folgt auch immer ein Aufwärtstrend, und darauf warten und hoffen wir. Es ist wohl dieses Warten auf solche Kleinigkeiten, das uns vorgaukelt, unsere scheinbar ausweglose Situation sei zu bewältigen.*

241. Tag – 27. Juli

Sie alle hatten unrecht. Brooke glaubte, Elena wolle bei ihr und nicht bei mir schlafen, Grandma dachte, unsere Kleine sei wütend, weil ich sie zum Essen zwang, und Grandpa vermutete schlicht, dass sie fernsehen wolle. Auf jeden Fall forderte Elena etwas, und wurde von Minute zu Minute ungeduldiger und ungehaltener. Sie weinte und grunzte. Alles hatte angefangen, als ich von der Arbeit kam. Auch deshalb vermutete die Familie, ich sei schuld.

In den letzten Monaten machte Elena kein Geheimnis daraus, dass ich ihr oft auf die Nerven ging. Seit Januar war es überwiegend Brooke, die all die Liebe und Zuneigung abbekam. Ich zwang Elena schließlich, zu essen und sich zu bewegen, wollte immer wieder mit ihr üben. Das machte Elena wütend. Ich nahm das hin, denn auch Wut ist eine Form von Therapie. Und dennoch vermisste ich meine alte Elena.

Jedenfalls dachten alle, ich sei der Grund für Elenas Wutausbruch. Aber wie gesagt: Sie irrten sich. Brooke fragte sie, ob sie wolle, dass ich gehe, und sie schüttelte den Kopf. Ob ich bleiben sollte, fragte ich, und sie schaute mich an und ihre Augen sagten „Ja". Ich dachte, sie habe mich nicht richtig verstanden, also fragte ich noch einmal. Doch erneut gab sie mir zu verstehen, sie wolle, dass ich bleibe. Vielmehr noch, sie wolle mit mir üben!

Meine Elena war zurück, zumindest für heute. Aber vielleicht können wir das ja morgen fortsetzen.

245. Tag – 31. Juli

Ich habe immer Angst gehabt, dass Elenas Identität irgendwann nur noch vom Krebs definiert wird, dass sich am Ende alle an die kranke Elena erinnern und sie ihre wahre Persönlichkeit vergessen. Doch je länger dieser Kampf andauert, umso mehr Menschen begegnen uns, die ihre Geschichten erzählen und unsere Ängste teilen. Obwohl sie todkranke Kinder haben oder Kinder, die bereits verstorben sind, finden diese Leute Zeit, uns zu erzählen, was sie bewegt und wer ihre Kinder sind oder waren. Die Tatsache, dass sich durch diese Krankheit Menschen näherkommen, ohne auf das Leid fixiert zu sein, das allein gibt Hoffnung und macht stark.

Als ich Elena heute zum Schwimmbad brachte, konnte ich beobachten, dass meine Ängste vollkommen unbegründet sind. Die anderen Kinder scharten sich um Elena und redeten mit ihr wie mit einer Freundin und nicht wie mit einer Krebspatientin. Sie fragten sie nach ihrem neuen Rollstuhl, ihren Haaren und nahmen sie bei der Hand. Vor allem aber sprachen sie mit ihr, nicht mit mir. Immer wieder sagen wir Kindern, sie sollen rücksichtvoll sein, nicht starren oder aufdringlich fragen. Doch heute wurde mir klar, dass auch wir etwas von ihnen lernen können: nämlich kranke Menschen ganz normal zu behandeln.

Wenn ich Elena auf der Couch betrachte, fühle ich, wie ihre Persönlichkeit allmählich schwindet. Ihr linker Arm und ihr linkes Bein sind nun auch gelähmt, und die Nahrungsaufnahme ist so gut wie unmöglich. Mittlerweile sind wir sicher, dass diese Erscheinungen nichts mit dem Medikamentenentzug zu tun haben, sondern das Resultat von weiterem Tumorwachstum sind. Also durchforsten wir panisch das Internet auf der Suche nach anderen Möglichkeiten. Doch es gibt keine mehr. Ich hoffe so sehr, morgen aufzuwachen und festzustellen, dass ich wieder einmal überreagiert habe. Das sind die schönsten Tage – die, an denen ich mich geirrt habe. Heute wurde ich einmal mehr daran erinnert, Elena dafür zu lieben, wer sie ist. An ihr Vermächtnis denken wir erst morgen.

247. Tag – 2. August

Wir haben nun endgültig auf künstliche Ernährung umgestellt. Nachdem Elena den Mund kaum noch einen halben Zentimeter weit aufbekam, mussten wir das Unausweichliche akzeptieren.

Brooke hätte diesen Schritt bereits vor zwei Wochen unternommen. Ich wollte es weiter versuchen, denn meine Befürchtung war, dass Elena in dem Moment, in dem ihr eine Sonde gelegt wird, aufgibt und zu kämpfen aufhört. Doch heute habe auch ich eingesehen, dass wir durch die künstliche Ernährung wertvolle Zeit gewinnen, die wir mit Elena verbringen können – anstatt unsere Kleine endlose Stunden zum Essen zu bewegen. Es war interessant, Elena während dieses Prozesses zu beobachten. Sie wehrte sich nicht, ganz im Gegenteil, sie akzeptierte die künstliche Ernährung als extreme Erleichterung. Ohne eine einzige Träne ließ sie sich den Schlauch durch die Nase legen.

Die anstrengende Zeit, die wir sonst mit dem Essen zugebracht haben, können wir nun mit Kuscheln verbringen. Dennoch fühlt es sich wie ein Rückschlag an, und ich bezweifle, dass sich die künstliche Ernährung auf Elenas Überlebenswillen positiv auswirkt. Erneut fühle ich mich betrogen, weil ich keinerlei Kontrolle über mein Leben oder das meiner Tochter habe. Aber ich bin froh, dass die Sonde Elena das Leben erleichtert.

248. Tag – 3. August

Wenn ich mir Fotos meiner Kleinen anschaue, erinnere ich mich häufig daran, wie jeder Besuch bei ihren Großeltern damit endete, dass meine Mutter Elena die Haare schnitt. Leider sah das

Resultat nie wirklich gut aus. Der Pony war immer schief, und die Seiten waren nicht gleich lang. Bei jedem Besuch wurden die Strähnen kürzer und kürzer, bis der Pony sogar ganz verschwunden war. Elena hat das nie etwas ausgemacht.

Dass sie jetzt nach der Chemo beständig Haare verliert, nimmt sie allerdings nicht so leicht. Die lange Mähne war immer ihr ganzer Stolz und gab ihr das Gefühl, hübsch zu sein. Selbst nach den kruden Versuchen ihrer Großmutter wusste sie, dass die Haare wieder wachsen würden. Brooke und ich verzogen zwar jedes Mal das Gesicht, aber bald wäre schließlich alles wie früher.

Nun war das nicht mehr so.

249. Tag – 4. August

Langsam gehen, Rosenblätter streuen, nicht auf das Kleid treten und keinen Mucks sagen. Das sind die Regeln für das perfekte Blumenmädchen, und Gracie kannte sie in- und auswendig. „Ich weiß, ich weiß! Langsam laufen, Blätter streuen, nicht auf mein Kleid treten und keinen Mucks sagen." Wer auch immer ihr das beigebracht hatte, war schneller gewesen als wir.

Heute fand die Hochzeit von Kelli und John statt. Kelli hatte sich den ganzen Sommer über um Elena gekümmert, weshalb diese sich schon unglaublich auf die Feier freute. Elena war von Anfang an als Blumenmädchen eingeplant gewesen, aber der Fairness halber wurde nun auch Gracie diese Ehre zuteil – was uns Eltern das Leben sehr erleichterte. Auch wenn unsere Jüngste am Ende wie immer allen die Show gestohlen hat.

Es war Elenas und Gracies erster Auftritt als Blumenmädchen, ein Status, der in der Mädchenwelt nur geringfügig dem einer Prinzessin nachsteht. Die Kleider haben wir ursprünglich für die Hochzeit von Elenas Tante gekauft, die in knapp einem Monat ansteht. Und weil in diesem Jahr derart viele Hochzeiten gefeiert werden, sollten sich die Mädchen eigentlich weiße Kleider aussuchen, damit sie auf jeden Fall zu den Farben der Blumen und Brautjungfern passen. Natürlich wäre Elena nicht Elena, wenn sie sich daran gehalten hätte. Während sich Gracie für ein weißes Kleid mit rosafarbenen Blumen entschied, musste Elenas selbstredend pink sein. Doch wer kann Elena schon etwas abschlagen? Kelli hatte für die Brautjungfern zwar grüne Kleider ausgesucht, und selbst der Trauzeuge und der Bräutigam waren mit einem grünen Kummerbund bekleidet – aber Elena trug Pink. Die Tage vor

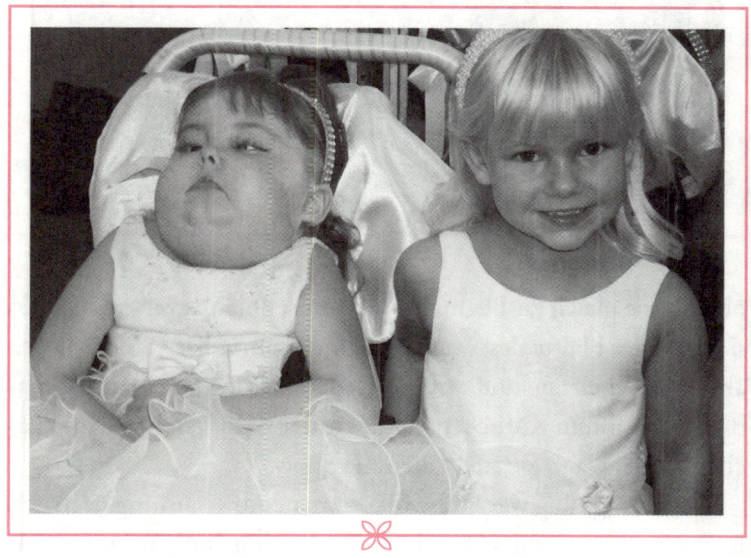

der Hochzeit waren aufregend. Es wurde jedes Detail diskutiert, geprobt und das Kleid täglich inspiziert. Die letzte Nacht hat Elena vor lauter Nervosität sicher schlechter geschlafen als die Braut selbst. Mich freute es, sie so energisch zu sehen. Endlich dachte sie an etwas anderes als ihre Krankheit.

Ich war unendlich dankbar, dass alle Anwesenden versuchten, Elena den Tag so schön wie möglich zu gestalten. Selbst Kelli, die eigentlich im Mittelpunkt stehen sollte, bemühte sich um ihre kleine Nichte. Auch Gracie meisterte ihre Aufgabe mit Bravour,

obwohl sie gleich zu Beginn so viele Rosenblätter verstreute, dass sie nach der Hälfte des Wegs keine mehr übrig hatte. Sie ließ sich aber nicht beirren und streute weiter fleißig imaginäre Rosenblätter aus ihrem Körbchen – und erntete dafür ein herzliches Lachen. Wie gesagt, sie stahl allen die Show.

Der heutige Tag war eine willkommene Abwechslung nach den letzten, anstrengenden Wochen. Wir hatten immer wieder versucht, Elena zu motivieren und anzustacheln, ein kleines Stück ihrer alten Persönlichkeit aus ihr herauszukitzeln – doch vergeblich. Und angesichts dieser leeren Augen und der gelähmten Glieder begann ich mich zu fragen, ob ich meine kleine Tochter längst verloren hatte. Sie zog sich mehr und mehr in sich zurück und reagierte kaum noch auf unsere Bemühungen. Ich fragte mich, ob sie noch verstand, was ich ihr ins Ohr flüsterte, sie den Gute-Nacht-Kuss überhaupt wahrnahm. Waren all diese Schläuche im Grunde nur noch da, um uns zu beruhigen? Was war aus Elenas Lebensqualität geworden? Bedeutete Lebensqualität vielleicht auch aufgeben? Und falls man aufgibt, kann man dann sicher sein, dass es nur zum Besten ist, oder wird man sich irgendwann Vorwürfe machen? Ich kenne die Antworten auf diese Fragen noch immer nicht und will sie eigentlich auch nicht hören. Aber manchmal dachte ich, es wäre für uns alle besser, endlich zu kapitulieren. Ich sehnte mich so sehr nach einem Zeichen von ihr – und dann kam der heutige Abend.

Die ganze Hochzeit über war Elena aufmerksam und wach. Brooke und ich konnten an ihrem Gesicht sehen, dass sie alle Eindrücke aufsog und wahrscheinlich sogar an ihre eigene Hochzeit dachte, mit Blumenmädchen und einem prächtigen weißen Kleid (oder eher einem pinkfarbenen). Dann bei der Feier kam endlich der Moment, den ich mir so lange erhofft hatte: Zwischen Elena und mir entstand wieder eine Verbindung.

Während wir am Tisch saßen und Gracie dabei zusahen, wie sie und ihre Cousinen sich auf der Tanzfläche wieder und wieder im Kreis drehten, hinfielen und laut lachten, bedeutete Elena mir, dass sie mir etwas sagen wollte. Tat ihr der Kopf weh? Nein. War ihr kalt? Nein. Hatte sie Hunger? Nein. Musste sie auf die Toilette? Nein. Ich war mit meiner Weisheit am Ende, also saßen wir schweigend nebeneinander und beobachteten weiter Gracie. Plötzlich fiel mir etwas ein. Wollte sie tanzen? Sie nickte. Mit Mom? Nein. Ich hielt einen Moment lang inne. Nach all den Wochen, in denen sie mir mehr oder minder die kalte Schulter gezeigt hatte, forderte sie mich nun zum Tanzen auf? Ich fragte noch einmal: „Willst du mit mir tanzen?", und sie nickte heftig.

Also tanzten wir. Ein Stück, zwei Stücke, drei und sogar vier Stücke lang. Immer wieder verlangte sie mehr. Niemand wird mir das je nehmen können. Von diesem Tanz hatte ich immer geträumt, wenn auch auf einer anderen Hochzeit. Dann, während des vierten Songs, fühlte ich, wie sich Elenas verkrampfte Hand langsam löste und mir über den Nacken streichelte. Kommunikation, ganz ohne Worte oder Blicke. Mir traten die Tränen in die

Augen. Ich wünsche mir von Herzen, eines Tages auf ihrer Hochzeit wieder mit ihr tanzen zu können.

250. Tag – 5. August

Aufstehen, frühstücken, mit dem Hund spielen, zusammen spazieren gehen, die Großeltern besuchen, fünf Bücher lesen, sich schlafen legen. Für die meisten Kinder wäre das kein ungewöhnlicher Tagesablauf. Für Elena ist es nicht weniger als ein Wunder.

Nachdem sie die letzten drei Wochen kaum in der Lage war, den Mund zu öffnen, schienen die Auswirkungen des Tumors heute plötzlich wie weggeblasen. Sobald Elena aufgewacht war, bedeutete sie uns, dass sie Hunger habe, und das, obwohl sie in der Nacht die Kalorien eines ganzen Tages eingeflößt bekommen hatte. Brooke und ich versuchten aufgeregt, sie zu füttern. Und zu unserer großen Überraschung löste sich nicht nur die Verkrampfung des Kiefers, sondern Elena verlangte auch mehr und mehr Essen. Wir gaben ihr alles in den Mund, was wir finden konnten, und beobachteten freudig, dass Elena es anscheinend ohne Probleme aß. Im Verlaufe des Tages verspeiste sie nicht weniger als einen Joghurt, einige Brezeln, Erdbeeren und eine Portion Cornflakes. Überglücklich sahen wir zu, wie unsere Tochter wieder aufblühte und ihre alte Persönlichkeit zurückkehrte. Ihre Lähmungserscheinungen ließen nach, und gelegentlich gelang es ihr sogar, den Kopf und die Finger zu bewegen. Als wir sie dann nach dem Mittagessen weinend an Grandpas Küchentisch vorfanden, waren wir also völlig überrascht. Alles war doch so gut gewesen. Aber offenbar war es für Elena Teil eines „normalen" Tages, dass sie draußen mit Gracie und ihren Cousinen spielte. Daher trugen wir den Rollstuhl in den Hof, und sahen zu, wie die Mädchen lachten und Elenas Augen glänzten.

Wir beendeten diesen wunderbaren Tag damit, dass wir unseren Kleinen vor dem Schlafengehen ihre Lieblingswitze erzählten.

Und auch wenn sie jeden einzelnen bereits kannten und Gracie die Pointen regelmäßig vorwegnahm, war es doch das perfekte Ende eines großartigen Tages. Welche unverhoffte Überraschung!

254. Tag – 9. August

Ich habe Angst, dass Elena mehr weiß als wir. In den letzten fünf Tagen wollte sie mit mir tanzen, im Hof spielen, bei McDonalds ein Happy Meal und Schokoladeneis essen, schwimmen gehen, baden und Karten spielen. All das waren Dinge, die sie die letzten neun Monate gemieden hatte. Trotz der Animositäten gegen mich, hat sie mit mir getanzt. Sie spielte im Hof mit Gracie und ihren Cousinen, obwohl sie das Spiel nicht kannte. Sie wünschte sich ein Happy Meal, auch wenn sie wusste, dass sie nicht eine einzige Pommes Frites würde essen können. Normalerweise liebt sie ihren Schoko-Vanille-Mix, warum also jetzt nur Schokoladeneis? Und obgleich sie seit Monaten Angst vor Wasser hat, wollte sie schwimmen gehen und baden. Das Kartenspielen jedoch war das Erstaunlichste. Für Elena und mich symbolisierte es die vergangenen Krankenhausaufenthalte. Damit haben wir uns oft stundenlang die Zeit vertrieben, weil Karten als einziges Spiel in den Rucksack passten. Aber weder Elena noch ich hatten je viel Spaß daran. Und dennoch hat sie all diese Dinge zugelassen, wollte sie sogar von sich aus.

Auch ihre Symptome gingen in dieser Zeit zurück. Sie konnte den Mund öffnen, zwinkern und ein wenig die Finger bewegen. Doch seit heute Morgen ist das wieder vorbei. Wir mussten sie erneut an den Tropf anschließen, und auch die Lähmungen sind zurückgekehrt. Was wir in den vergangenen Tagen noch als erheblichen Fortschritt gefeiert haben, wird vielleicht unsere letzte schöne Erinnerung sein.

Wir mussten in die Notaufnahme. Brooke und ich hielten Elenas Hand, während wir ängstlich beobachteten, wie sich ihre Brust langsam hob und senkte. Ich hoffe nur, dass dies ein weiteres Krankenhaus in einer Reihe von vielen sein wird, doch ich spüre, dass es diesmal anders ist. Es gibt keine Möglichkeiten mehr, meinem kleinen Mädchen zu helfen. Nun liegt es einzig und allein bei ihr. Eine lange Nacht liegt vor uns, und ich habe das Gefühl, dass Elena mehr weiß als wir. Nun kann ich nur beten und ihr Kraft und Stärke wünschen.

255. Tag – 10. August

Das Unvermeidliche hat seine ganz eigenen Regeln. Man wartet darauf, dass es endlich passiert, will gleichzeitig aber nicht, dass es überhaupt geschieht. Heute Nacht müssen wir dem Unvermeidlichen ins Auge sehen. Wir sind machtlos – es gibt keine Medizin, keine Therapie mehr, die unserer Tochter noch helfen können. Wir sind machtlos gegen ihre Krankheit, völlig machtlos, während wir Elenas Hand halten und zusehen, wie sie unter größten Anstrengungen atmet.

Nachdem sie heute Morgen die Augen für eine Stunde geöffnet hatte, verließ sie die letzte Kraft, und Elena fiel ins Koma. Zum ersten Mal wurde Brooke und mir in ganzer Tragweite, in absoluter Endgültigkeit bewusst, dass wir den Kampf verloren haben. Es ist der Anfang vom Ende – dem Ende von Elena und Gracie als Schwestern, dem Ende von Elena und uns als Tochter und Eltern. All unsere Hoffnungen sind nur noch auf einen schnellen, leidlosen Tod gerichtet.

Die letzten neun Monate haben wir Elena unterstützt, mit ihr gehofft und gekämpft. Haben mit ansehen müssen, wie in der Klinik ein Kind nach dem anderen ein Teil der Statistik wurde. Und nun sitzen wir selbst am Sterbebett unserer Tochter.

256. Tag – 11. August

Heute wissen wir, wie es sich anfühlt. Die Leere, der Schmerz, den niemand lindern kann. Nachdem Elena letzte Nacht ins Koma gefallen ist, haben wir entschieden, Gracie darauf vorzubereiten, dass ihre Schwester sterben wird. Wir erklärten ihr, dass Elena ein Engel im Himmel werden würde, und Gracie – mit ihrer ganz eigenen Sicht der Dinge – fragte, ob Elena auch Flügel bekäme. Als Nächstes schlug sie vor, Elena nach draußen zu bringen und ihr ihre Steinsammlung zu zeigen.

Wir verbrachten den Nachmittag eng aneinandergekuschelt in dem Spielhaus, das ich für die Mädchen gebaut hatte, unter dem von Elena selbst ausgesuchten Baum: einem wunderschönen, leuchtendroten Ahorn.

Die Nacht verlief ruhig. Von Zeit zu Zeit rang Elena nach Atem, doch insgesamt schlief sie friedlich. Brooke und ich lagen neben ihr bis zum frühen Morgen, als sie endlich erlöst wurde und uns verließ.

Heute hat Gracie viele Fragen. Wir auch, doch im Moment können und wollen wir noch keine Antworten finden. Alles, was uns bleibt, ist die Liebe und die Erinnerung an unsere Tochter. Die Erinnerung an Elena vor dem Krebs. Wir werden sie niemals vergessen. All die medizinischen Geräte, der Tropf und die Sauerstoffflaschen waren innerhalb weniger Stunden aus unserem Haus verschwunden, doch Elenas Bilder und Fotos hängen noch immer an den Wänden.

Als der Krankenwagen kam, trug ich Elena auf dem Arm die Treppe hinunter. Ich denke, das war ihr lieber, als auf einer Liege transportiert zu werden.

Wir entschieden uns für eine Autopsie. Vielleicht kann man so mehr über den Tumor erfahren und anderen Kindern helfen. Wir werden Elenas Kampf weiterführen. Doch heute gibt es nur Tränen und Schmerz. Wenn wir nun zu dritt am Tisch sitzen, wirkt das Haus leer und viel zu groß. Elena bleibt in unseren Herzen.

Und jeden Tag werden wir an sie erinnert, wenn wir all die kleinen Notizen von ihr finden, die sie im Haus verteilt hat. Alle mit der Aufschrift „I love you Mom Dad Gracie".

Wir lieben dich auch, Elena. Mehr, als sich irgendjemand vorstellen kann.

Tag 1 nach Elenas Tod – 12. August

Heute drang der Schmerz mit voller Wucht in mein Bewusstsein. Elenas Sachen, ihre Stofftiere, Kleider und Schuhe liegen noch unangetastet in ihrem Schrank. Ich bringe kaum einen Satz hervor, ohne innezuhalten. Wenn ich früher gesagt habe: „Los, Mädchen!", rufe ich jetzt nur noch nach Gracie. Es ist grausam, wie einen selbst die kleinsten Worte zur Erinnerung zwingen.

Erst heute trauere ich. Mit all den Sorgen um die Heilung und die Behandlung habe ich Elenas Tod wohl nie ernsthaft in Erwägung gezogen. Und nun verbringe ich den ganzen Tag damit, Fotos anzustarren oder in Elenas Zimmer zu gehen, um mich an sie zu erinnern. Ich werde nicht zulassen, dass ihr Bild in meinem Kopf auch nur einen Hauch verblasst! Ihre schönen Augen, die langen Wimpern, ihre klare Stimme und ihre wundervollen Haare.

Als die Sonne gestern unterging und der letzte Besuch uns verlassen hatte, saßen wir zu dritt auf der Veranda und schauten in den Himmel. Mit einem Mal färbten sich die Wolken in einem grellen Pink. Gracie bemerkte es zuerst: „Mom, sieh mal! Elenas Wolken!" Sie hatte recht. Und für diese letzten fünf Minuten waren wir noch einmal zu viert. Danke, Elena!

Tag 3 nach Elenas Tod – 14. August

Nachts sahen sie wie Engel aus. Still träumend und friedlich. Ich konnte mir nie verkneifen, bevor ich zu Bett ging, noch einen Blick auf meine beiden Mädchen zu werfen. Also schlich ich auf

Zehenspitzen in ihre Zimmer, legte die heruntergerutschten Decken zurecht und gab ihnen einen letzten Gute-Nacht-Kuss. Dann beugte ich mich jedes Mal hinunter, strich ihnen über die Haare und flüsterte: „Ihr seid meine klugen, hübschen Prinzessinnen, und ihr werdet Großes erreichen im Leben." Daran hatte ich nie den geringsten Zweifel. Elena und Gracie selbst musste man zwar von Zeit zu Zeit daran erinnern, aber ich wusste, dass meine Töchter auch das Unmögliche möglich machen könnten.

Als Elena starb, zerbrach meine Welt in tausend Scherben. Sie und ihre Schwester sollten doch für immer meine Prinzessinnen sein! Aber Elena waren nur sechs kurze Jahre vergönnt. Sicherlich nicht genug Zeit, um Großes zu erreichen. Das dachte ich zumindest. Heute weiß ich, dass ich damit falsch lag. Allein in den letzten neun Monaten hat sie sämtliche Erwartungen und Prognosen um Längen übertroffen – sie hat das Unmögliche möglich gemacht. Und selbst nach ihrem Tod inspiriert sie die Menschen. Noch immer bekommen wir jeden Tag Briefe, die stets anfangen mit „Sie kennen mich nicht, aber ..." Diese Menschen berichten uns, wie Elenas Geschichte ihr Leben von Grund auf verändert hat. Denn Elenas Geschichte handelt im Grunde nicht von Krebs oder Tod, sie lehrt uns Liebe und Hoffnung. Meine kleine Tochter brachte mir bei, das Leben zu lieben und ihm lachend zu begegnen. Diese Lektion werde ich nie vergessen!

Auch heute streichle ich Gracies Haar und flüstere ihr ins Ohr, dass sie meine kluge und hübsche Prinzessin ist und dass sie einmal Großes erreichen wird. Doch bevor ich das Zimmer verlasse, berühre ich von nun an Elenas Foto über dem Lichtschalter und flüstere: „Ich liebe dich Elena, und du hast Großes erreicht."

Tag 4 nach Elenas Tod – 15. August

Heute rief mich die Krankenhauspastorin an. Elenas sterbliche Überreste waren verbrannt worden, und die Pastorin wollte sie gern persönlich zu uns bringen. Es ist schon merkwürdig. Ich hatte immer gedacht, dass dies der schlimmste Augenblick sein würde. Ich dachte, wenn ich Elenas Asche in den Händen halte, werde mir bewusst, dass sie ein für allemal von uns gegangen ist. Doch stattdessen war ich erleichtert. Erleichtert, sie wieder bei mir zu Hause zu haben. Natürlich war ihre Seele ohnehin immer bei uns, doch ein Teil von ihr fehlte. Als ich Elena vor einigen Tagen die Treppe hinunter zum Krankenwagen getragen habe, war das der schwerste Gang meines Lebens. Zum ersten Mal musste ich meine Tochter völlig aus der Hand geben. Jede Minute fragte ich mich, wo sie wohl gerade war und wie man sie behandelte. Und nun kam sie endlich nach Hause zurück.

Man überließ mir die Asche in einer schmucklosen kleinen Urne. Ich hockte den ganzen Tag auf der Couch und presste das kalte Gefäß an mich. Niemals hätte ich gedacht, meine Tochter einmal so halten zu müssen. Sie hatte auf meiner Hand gelegen, als sie ein Säugling war, und in meinem Arm geschlafen, aber ihre Asche in einer Urne zu halten – das konnte ich nicht begreifen.

Brooke und ich entschieden, Elenas Asche zu verstreuen, ohne große Zeremonie. Nur meine Frau, Gracie und ich. Wir überlegten, welcher Ort sich am besten eignete, und fanden die Antwort in unserem Garten.

Als Elena zwei Jahre alt war, hatten wir gerade unser Haus gekauft und renovierten es. Im Garten wollten wir Bäume pflanzen. Wir suchten eine Eiche, einen Ahorn, eine Magnolie und eine Weide aus. Elena hätte gern noch einen rosafarbenen Cornus gekauft, doch der war für unseren Garten zu empfindlich. Wie wäre es mit einem roten Baum?, fragten wir sie, und am Ende stimmte sie zu. Also entschieden wir uns für einen Rotahorn. Der würde zumindest zu den anderen Bäumen passen, außerdem war er preiswert. Wir hätten nie gedacht, dass der kleine, kümmerliche Baum jemals blühen würde, doch heute, drei Jahre später, ist er der prächtigste im ganzen Garten. Auch wenn er sich nie wirklich rot färbt. Zwei Wochen, bevor er seine Blätter verliert, wird er höchstens leicht orange.

Morgen wird Elenas Baum zu ihrer letzten Ruhestätte. Wir bauten einen kleinen Zaun um den Stamm und pflanzten in Gedenken an Elena einige pinkfarbene Geranien. Ich bete zu Gott, dass ich stark genug sein werde, meine Tochter morgen gehen zu lassen. Vielleicht werden die Blätter ja diesen Herbst endlich einmal rot. Oder, so wie ich Elena kenne, vielleicht eher pink.

Nachwort

Auch wenn ich mich nicht an jeden einzelnen Augenblick ihres Lebens erinnern kann, erinnere ich mich doch an die meisten Abende. Jeder Abend begann mit einem Bad und endete mit Vorlesen. Elena suchte sich stets die dicksten Wälzer aus, während wir hofften, dass es nur einmal ein dünnes Bilderbuch wäre. Meist entschied sie sich für *Ein Licht unterm Dach* oder *One Fish Two Fish Red Fish Blue Fish*. Wenn sich das Buch in die Länge zog, überschlugen wir schon einmal eine Seite, doch dann schimpfte Elena mit uns, und wir mussten zurückblättern. Nach dem Vorlesen legten wir sie ins Bett, gaben ihr einen Kuss und sagten ihr, dass wir stolz auf sie seien. Wie sehr wünsche ich mir diese Zeiten nun zurück!

Man sagt, es wird irgendwann leichter. Irgendwann würde man die Trauer akzeptieren. Noch kann ich mir das nicht vorstellen. Aber wir haben gelernt, die kleinen Momente des Alltags wertzuschätzen, und darin finden wir ein wenig Frieden. Elena hat uns das beigebracht. Sie war unsere Lehrerin, und ihre Lektionen hat sie überall in Form von herzförmigen Notizen hinterlassen. Sie hat bessere Menschen aus uns gemacht und eine stärkere Familie.

Auch nach ihrem Tod behalten wir diese Lektionen im Herzen, aber unsere Kleine war mehr als das. Jeder Moment, jede Bewegung ist mit Erinnerungen an ihre Persönlichkeit gefüllt. Ihre Bilder hängen noch an den Wänden und lassen sie Teil unserer Familie sein. Wir werden sie nie vergessen.

Brooke, Gracie und ich haben eine andere Perspektive zum Leben gewonnen. Was einst wichtig war, ist nun bedeutungslos, unsere Prioritäten haben sich völlig verändert. Außerdem haben wir keine Angst mehr. Der Tod ist Teil des Lebens, er lässt uns erkennen, was wirklich wichtig ist. Jeder Tag ist ein Geschenk und eine neue Möglichkeit. Das hat Elena uns gelehrt.

Eines Tages wird Gracie alles in diesem Tagebuch nachlesen. Das meiste weiß sie ohnehin schon. Vielleicht wird es sie daran erinnern, ihre Kinder bedingungslos zu lieben und auch sie kitzelnd die Treppe hochzujagen. Das ist Elenas Vermächtnis.

Die Heilung beginnt jetzt

Elena ist nicht allein. Tagtäglich erkranken Tausende an Krebs. Viele überleben. Zu viele sterben. Geschrieben wurde dieses Buch mit der Absicht, die Erinnerung an eine Sechsjährige für ihre Schwester festzuhalten. Doch vielleicht lernen wir alle etwas daraus. Vielleicht lernen wir, zu erkennen, was das Leben wirklich ausmacht.

Die Heilung beginnt jetzt – das haben wir oft gedacht und gesagt. Inzwischen ist es unser Motto geworden. Ein Motto, das dafür steht, den Krebs nicht einfach zu akzeptieren und der Krankheit den Kampf anzusagen. Leiden und Tod sind keine unweigerlichen Folgen, und sicher nicht Gottes Wille. Heute ist unser Motto zu einer Organisation geworden, die gemeinnützig Betroffenen Hilfe und Rat anbietet. Als Eltern müssen wir mehr tun! Als Gemeinschaft können wir gegen den Krebs mehr bewirken als allein.

Es gibt zwei Möglichkeiten, der Krankheit zu begegnen. Die eine hat mit Zahlen zu tun. Man führt Statistiken, berechnet Überlebenschancen und unterstützt dann die Forschungszweige, die die vielversprechendsten Zahlen aufweisen. Das sind politische Entscheidungen. Aber es ist nicht die einzige Möglichkeit, aktiv zu werden. Jahr für Jahr sterben mehr Menschen, und trotz siebzig Jahren Krebsforschung ist noch keine Lösung in Sicht. Wir als Gemeinschaft müssen dagegen protestieren, dass es weitere Jahrzehnte dauern soll, eine Krankheit zu heilen, die längst heilbar sein müsste.

Die andere Möglichkeit ist weder politisch wirksam noch einfach. Sie beinhaltet, all jene Krebsarten ins Visier zu nehmen, von denen wir am meisten lernen können – obwohl sie vielleicht nicht Hunderte betreffen, sondern nur wenige. Hirnstammtumore bei Kindern gehören zu jenen Krebsarten, die uns vieles beibringen können. Sie zu erforschen führt hoffentlich zu einem Durchbruch für die gesamte Krebsforschung und hilft damit unendlich vielen Menschen. Vielleicht können wir so schon in zwanzig Jahren den Krebs völlig besiegen!

Diesen Weg zu gehen ist nicht unbeschwerlich. Und er soll die Strategie, Krebs mittels Statistiken zu bekämpfen, nicht ersetzen. Trotzdem müssen wir unsere Aufmerksamkeit und unser Geld auch dort zur Verfügung stellen. Vor allem, weil dieser Ansatz durch keine staatlichen Programme gefördert wird. Deshalb ist er nur auf eins angewiesen: Sie!

Letztendlich sind immer Kinder wie Elena der Anstoß zu neuen Möglichkeiten. Vielleicht wird bald eine Bewegung daraus, vielleicht ermöglicht sie bald eine allgemeine Heilung. The Cure Starts Now – Die Heilung beginnt jetzt!

Weitere Informationen über die Organisation
The Cure Starts Now und die Kinder, die wir unterstützen,
unter www.thecurestartsnow.org.

Danksagungen

Wir danken unseren Familien und Freunden für ihren Beistand bei der Veröffentlichung dieses Buches. Wir danken unserer Agentin Sharlene Martin, unserem PR-Berater Justin Loeber und Lisa Sharkey, Amy Kaplan und dem gesamten Team beim Verlag HarperCollins für ihren Einsatz. Ihre Geduld, Behutsamkeit und Ehrlichkeit haben uns darin bestärkt, dieses Buch zu veröffentlichen und all die Ängste, die damit verbunden waren, zu überwinden. Ein ganz besonderer Dank gilt Martha Montgomery, Patricia Harman, Judy Morgan und Margaret Theile für ihre Bemühungen, Elenas Geschichte für dieses Buch zu bearbeiten. Und auf ewig danken wir auch Tiffany Kinzer, die darauf bestand, dass unser Tagebuch mehr als ein Geschenk für Gracie sein sollte.